지방세기본법원리

노현섭 저

pnc
publishing and culture
피앤씨 미디어

머리말

이 책 '지방세기본법원리'는 지방세를 공부하려는 이들에게 「지방세기본법」에 대한 지식을 전달하려고 「지방세기본법」과 관련 세법을 해설한 책이다. 이 책은 지방세에 대한 기초지식은 물론 지방세 관련 세법에 대한 지식과 「지방세기본법」 관련 세법 내용을 「지방세기본법」의 법전체계를 중심으로 설명하였다.

「지방세기본법」은 지방세에 관한 기본적 사항과 부과·징수에 필요한 사항 및 위법 또는 부당한 처분에 대한 불복절차와 지방세 범칙행위에 대한 처벌에 관한 사항 등을 규정하고 있다.

이 책은 지방세 및 지방세법에 대한 기초(제1장)와 「지방세기본법」(제2장에서 제12장까지 설명함)에 대한 설명으로 구성되어 있다. 「지방세기본법」은 총칙(제2장), 납세의무(제3장), 부과(제4장), 지방세환급금과 납세담보(제5장), 지방세와 다른 채권과의 관계(제6장), 납세자의 권리(제7장), 이의신청 및 심사청구와 심판청구(제8장), 범칙행위 등에 관한 처벌 및 처벌절차(제9장), 과세자료의 제출 및 관리(제10장), 지방세 업무의 정보화(제11장)와 보칙(제12장)으로 나누어 설명하였다.

현행 「지방세기본법」의 체계와 이 책의 설명을 요약하면 다음과 같다.

지방세기본법의 규정사항		이 책의 설명
구분	내용	
-	-	제1장 지방세 및 지방세법 기초
제1장	총칙	제2장 총칙
제2장	납세의무	제3장 납세의무
제3장	부과	제4장 부과
제4장	지방세환급금과 납세담보	제5장 지방세환급금과 납세담보
제5장	지방세와 다른 채권과의 관계	제6장 지방세와 다른 채권과의 관계
제6장	납세자의 권리	제7장 납세자의 권리
제7장	이의신청 및 심사청구와 심판청구	제8장 이의신청 및 심사청구와 심판청구
제8장	범칙행위 등에 관한 처벌 및 처벌 절차	제9장 범칙행위 등에 관한 처벌 및 처벌 절차
제9장	과세자료의 제출 및 관리	제10장 과세자료의 제출 및 관리
제10장	지방세 업무의 정보화	제11장 지방세 업무의 정보화
제11장	보칙	제12장 보칙

이 책은 다음과 같은 점에 중점을 두어 설명하였다.

첫째, 가능한 한 「지방세기본법」과 관련 세법의 각 조문을 제시하고 설명함으로써 쉽게 이해할 수 있도록 하였다.

둘째, 「지방세기본법」에 대한 이해를 구체화하기 위하여 가능한 「지방세기본법」의 각 조문을 법령의 조문 순으로 설명하여, 실무에서 세법전을 사용하여 업무를 수행하는데 도움을 줄 수 있도록 하였다. 또한 법령은 각 법령 부분에 조문번호를 표시하여 해당 법령이 세법전의 어느 조문에 해당하는지 알 수 있도록 하였다.

셋째, 핵심적인 내용만 본문에 언급하고 그림이나 표로 요약하였으며, 보충설명은 가급적 각주로 처리하여 본문의 군더더기를 줄이려 하였다.

세법을 이해하는 것은 쉽지 않은 일이다. 특히 「지방세기본법」을 처음으로 배우는 것은 더욱 쉽지 않은 일이다. 처음으로 「지방세기본법」을 배우거나 이 책을 처음 읽는 사람들은 먼저 「지방세기본법」(괄호 안에 지방세기본법 및 조문번호 표시)만 읽고 「지방세기본법」의 개요를 익히거나 「지방세기본법」을 개관한 후 다음으로 「지방세기본법」 시행령과 시행규칙(괄호 안에 지방세기본령 또는 지방세기본칙 및 조문번호 표시)까지 읽어 시행령과 시행규칙을 익히는 방법으로 단계적으로 공부하면 「지방세기본법」과 관련 세법을 충분히 이해할 수 있을 것으로 생각한다.

2019년 가을 정족산 자락 양현재(陽峴齋)에서

저자 拜

일러두기

이 책의 주된 내용인 「**지방세기본법**」**과 관련 세법**은 아래와 같은 약어(略語)로 표시하였다.

지방세기본법 … **지방세기본법**	**지방세법** … **지방세법**
지방세징수법 … **지방세징수법**	**지방세특례법** … **지방세특례제한법**
기본법 … **국세기본법**	**징수법** … **국세징수법**
처벌법 … **조세범처벌법**	**절차법** … **조세범처벌절차법**
특례법 … **조세특례제한법**	소득법 … 소득세법
법인법 … 법인세법	부가법 … 부가가치세법
국제법 … 국제조세조정에 관한 법률	상속법 … 상속세 및 증여세법

각 세법의 경우 법, 시행령, 시행규칙은 각각 ○○법, ○○령, ○○칙으로 표시하였다.

각 법률의 조문표시는 문장 끝에 **법률명**, **조**(條, 1, 2, 3, …으로 표시), **항**(項, ①, ②, ③, …으로 표시), **호**(號, (1), (2), (3),…으로 표시), **목**(目, 가, 나, 다, …로 표시) 순으로 표시하였다.

(지방세기본법 7 ① (1) 가)	…「지방세기본법」 제7조 제1항 제1호 가목
(지방세기본령 7 (1))	…「지방세기본법」 시행령 제7조 제1호

차 례

제1장 지방세 및 지방세법 기초

제1절 지방세 기초

1. 조세의 정의와 분류

1.1 조세의 정의

조세(tax)는 일반적으로 '**국가 또는 지방자치단체**가 **재정수요를 충족**시키기 위하여 **과세권**에 의하여 **법률 규정**에 따라 **직접적인 반대급부 없이 과세요건을 충족하는 자연인이나 법인**에게 **강제적으로 부과·징수**하는 **경제적 부담**'으로 정의된다.

1.2 국세와 지방세

조세를 부과하는 주체(**과세주체**)는 국가 또는 지방자치단체이다. 국가가 부과하는 조세를 **국세**, 지방자치단체가 부과하는 조세를 지방세라 한다.

국세는 정부의 재정수입을 위하여 부과되며 기획재정부장관이 총괄하고, 국세청과 관세청에서 업무를 관리한다. 이에 비하여 **지방세**는 지방자치단체의 재정수입을 위하여 부과되며, 행정안전부장관이 총괄하고 각 지방자치단체가 업무를 관리한다. 지방세는 별도의 과세대상에 부과되거나 국세에 부가하여 과세되고 징수된다.

구 분	부과권자	부과목적	업무관리
국 세	국 가	국가의 재정수입	· 기획재정부장관이 총괄 · 국세청과 관세청에서 업무관리
지방세	지방자치단체	지방자치단체의 재정수입	· 행정안전부장관이 총괄 · 각 지방자치단체가 업무관리

2. 우리나라의 조세체계

2.1 우리나라의 현행 조세체계

조세는 관점에 따라 여러 가지로 분류할 수 있다. 우리나라의 현행 조세체계는 과세주체에 따라 **국세**와 **지방세**로 분류하고, 국세는 다시 교역에 대한 통관절차의 이행여부에 따라 **관세**와 **내국세**로 나누며, 내국세는 다시 조세전가의 유무에 따라 **직접세**와 **간접세**로 분류한다. 또 조세수입이 재정수요를 충당하기 위한 것인지 특정한 목적을 위한 것인지에 따라 **보통세**와 **목적세**로 분류한다.

다음은 **우리나라의 현행 조세체계**를 위에서 설명한 분류에 따라 표시한 것이다.

<table>
<tr><th colspan="2">국세</th><th>보통세·목적세</th><th colspan="3">세 목</th><th>세법전</th></tr>
<tr><td rowspan="14">국세*1</td><td rowspan="13">내국세</td><td rowspan="10">보통세</td><td rowspan="5" colspan="2">직접세</td><td>소득세</td><td>소득세법</td></tr>
<tr><td>법인세</td><td>법인세법</td></tr>
<tr><td>상속세</td><td rowspan="2">상속세 및 증여세법</td></tr>
<tr><td>증여세</td></tr>
<tr><td>종합부동산세</td><td>종합부동산세법</td></tr>
<tr><td rowspan="5">간접세</td><td rowspan="3">소비세</td><td>부가가치세</td><td>부가가치세법</td></tr>
<tr><td>개별소비세</td><td>개별소비세법</td></tr>
<tr><td>주세</td><td>주세법</td></tr>
<tr><td rowspan="2">유통세</td><td>인지세</td><td>인지세법</td></tr>
<tr><td>증권거래세</td><td>증권거래세법</td></tr>
<tr><td rowspan="3">목적세</td><td colspan="3">교육세</td><td>교육세법</td></tr>
<tr><td colspan="3">교통 . 에너지 . 환경세</td><td>교통 . 에너지 . 환경세법</td></tr>
<tr><td colspan="3">농어촌특별세</td><td>농어촌특별세법</td></tr>
<tr><td colspan="2">관세</td><td colspan="3">관세</td><td>관세법</td></tr>
<tr><td colspan="7">*1 국세는 교역에 대한 통관절차의 이행여부에 따라 관세와 내국세로 나눔.</td></tr>
</table>

내국세는 18개 세법, 13개 세목(표에서 열거된 12개 세법 이외에 「국세

기본법」, 「국세징수법」, 「조세범처벌법」, 「조세범처벌절차법」, 「조세특례제한법」, 「국제조세조정에 관한 법률」이 있음)으로 구성되어 있다.

지방세는 「지방세기본법」, 「지방세징수법」, 「지방세법」, 「지방세특례제한법」의 4개 세법에 11개 세목으로 구성되어 있다.

<table>
<tr><th colspan="2">지방세</th><th>보통세·목적세</th><th>세 목</th><th>세법전</th></tr>
<tr><td rowspan="3">지방세
(분류1)*1</td><td rowspan="2">도세</td><td>보통세</td><td>취득세, 등록면허세, 레저세, 지방소비세</td><td rowspan="3">지방세법</td></tr>
<tr><td>목적세</td><td>지방교육세, 지역자원시설세</td></tr>
<tr><td colspan="2">시.군세</td><td>담배소비세, 주민세, 지방소득세, 재산세, 자동차세</td></tr>
<tr><td rowspan="3">지방세
(분류2)*1</td><td rowspan="2">특별(광역)
시세</td><td>보통세</td><td>취득세, 레저세, 담배소비세, 지방소비세, 주민세, 지방소득세, 자동차세</td><td rowspan="3">지방세법</td></tr>
<tr><td>목적세</td><td>지방교육세, 지역자원시설세</td></tr>
<tr><td colspan="2">구세</td><td>등록면허세, 재산세</td></tr>
</table>

*1 **지방세**는 특별시와 광역시 및 각 도에서 부과하는 **도세(특별시세, 광역시세 및 도세)**와 특별시와 광역시 이외의 각 시 또는 군(및 자치구)이 부과하는 **시군세(시군세 및 구세)**가 있음.

2.2 지방세의 변천

지방세의 변천은 2001년부터 농지세를 농업소득세로, 2002년부터 경주·마권세를 레저세로 세목을 변경하였으며, 2000년부터 주행세가 신설되고, 2001년부터 지방세분 교육세가 지방교육세로 전환되었다. 또한 2005년부터 종합토지세가 폐지되었으며, 2010년부터 농업소득세, 사업소세가 폐지되고 지방소득세와 지방소비세가 신설되었다.

2011년부터 취득세와 취득관련분 등록세가 취득세로, 재산세와 도시계획세가 재산세로, 취득무관분 등록세와 면허세가 등록면허세로, 공동시설세와 지역개발세가 지역자원시설세로, 자동차세와 주행세가 자동차세로 통합되었고, 도축세가 폐지되었다.

2.3 지방세 4분법

「지방세법」은 2010년까지 「지방세법」 단일법전체계로 운영되어 왔으나, 2010년 이전에 적용되던 기존 「지방세법」을 「지방세기본법」, 「지방세법」, 「지방세특례제한법」으로 나누어 체계를 새롭게 하는 **지방세분법안**이 2010년 2월 26일 국회를 통과되어, 2011년 1월 1일부터 지방세는 「지방세기본법」, 「지방세법」, 「지방세특례제한법」의 3개 세법에 11개 세목 체제로 시행되었다.

이후 국민들이 지방세의 징수규정을 쉽게 확인할 수 있도록 「지방세기본법」의 징수 · 체납과 관련된 조문을 분리하여 지방세의 징수에 관한 법률인 「지방세징수법」을 2016년 12월 27일 제정하여 2017년 6월 1일부터 시행하였다. 따라서 2017년 6월 1일부터 **지방세**는 **「지방세기본법」, 「지방세징수법」, 「지방세법」, 「지방세특례제한법」**의 **4개 세법**에 **11개 세목 체제로** 시행되고 있다.

(1) 지방세기본법

기존 「지방세법」 제1장(총칙)을 확대하여 지방세의 기본적·공통적·절차적 사항을 「지방세기본법」으로 제정하여 지방세에 관한 총칙적인 사항을 정리하고 납세자 권익을 보호하기 위한 제도를 대폭 강화하였다.

(2) 지방세징수법

지방세의 징수규정을 쉽게 확인할 수 있도록 「지방세기본법」의 징수 · 체납과 관련된 조문을 분리하여 지방세의 징수에 관한 법률인 「지방세징수법」을 2016년 12월 27일 제정하여 2017년 6월 1일부터 시행하였다.

(3) 지방세법

기존 「지방세법」을 전면 개정하여 기존 취득세와 등록세를 취득세로 통합하는 등 성격이 유사한 세목들을 통폐합하여 16개 세목을 11개 세목으로 간소화하였다.

「지방세법」은 취득세, 등록면허세, 주민세, 재산세, 자동차세, 레저세, 담배소비세, 지방소득세, 지방소비세, 지역자원시설세, 지방교육세 등 지방자치단체의 재정수입을 위한 조세의 과세요건을 규정하고 있다.

구 분	2010년까지	2011년부터
중복과세 통·폐합	① 취득세 + ② 등록세(취득관련분)	① 취득세
	③ 재산세 + ④ 도시계획세	② 재산세
유사세목 통합	② 등록세(취득무관분) + ⑤ 면허세	③ 등록면허세
	⑥ 공동시설세 + ⑦ 지역개발세	④ 지역자원시설세
	⑧ 자동차세 + ⑨ 주행세	⑤ 자동차세*1
폐 지	⑯ 도축세	(폐지)
기존 유지	⑩ 주민세 ⑪ 지방소득세 ⑫ 지방소비세 ⑬ 담배소비세 ⑭ 레저세 ⑮ 지방교육세	⑥ 주민세 ⑦ 지방소득세 ⑧ 지방소비세 ⑨ 담배소비세 ⑩ 레저세 ⑪ 지방교육세

*1. 주행세는 자동차세의 하위세원임.

(4) 지방세특례제한법

기존 「지방세법」 제3장(감면)을 확대하여 지방세 감면규정을 통합하고 지방세감면의 운영을 효율화하기 위하여 「지방세특례제한법」이 제정하였다.

「지방세특례제한법」은 지방세 각 세목의 감면규정을 통합하여 감면관련 제도의 관리를 강화하고 지방세정 운영의 건전성과 책임성을 강화하기 위하여 기존 「지방세법」의 감면사항을 정비하여 시행하였다.

(5) 지방세법 기본통칙의 제정

기존에 운용되었던 「지방세법 해석운용 매뉴얼」을 개편·정리하여, 「지방세기본법 기본통칙」, 「지방세법 기본통칙」, 「지방세특례제한법 기본통칙」을 각각 제정하였다.

3. 지방세의 세목

지방세는 과세주체에 따라 ① 특별시와 광역시 및 각 도에서 부과하는 도세(특별시세, 광역시세 및 도세)와, ② 특별시와 광역시 이외의 각 시 또는 군(및 자치구)이 부과하는 시군세(시군세 및 구세)가 있다.

구 분				내 용
지방세	도세	보통세	취득세	부동산, 차량, 기계장비, 입목, 항공기, 선박, 광업권, 어업권, 골프회원권, 승마회원권, 콘도미니엄회원권 또는 종합체육시설이용권 등을 **취득**한 자에게 **재산의 취득**에 대해 과세
			등록면허세	• **등록에 대한 등록면허세**: 재산권과 그 밖의 권리의 취득, 이전, 변경 또는 소멸에 관한 사항을 **공부(公簿)에 등기하거나 등록하는 자**를 대상으로 과세 • **면허에 대한 등록면허세**: 각종 법령에 따른 면허 등을 받는 경우 **면허를 받는 자**를 대상으로 과세
			레저세	**경정, 경륜, 경마, 소싸움** 등에 승자투표권 등을 발매하고 투표적중자에게 환급금을 지급하는 사업자에게 승자투표권 등의 발매금 총액의 10%를 과세
			지방소비세	재화와 용역을 소비하는 자에게 「부가가치세법」에 따라 **부가가치세를 납부하여야 하는 자**에게 과세*1
		목적세	지방교육세	지방교육의 질적 향상에 필요한 지방교육재정의 확충에 소요되는 재원을 확보하기 위하여 **취득세, 등록에 대한 등록면허세, 레저세**의 일정비율로 과세
			지역자원시설세	지역의 균형개발 및 수질개선과 수자원보호 등에 소요되는 재원을 확보하기 위하여 **발전용수**(양수발전용수 제외)·**지하수·지하자원·컨테이너를 취급하는 부두를 이용하는 컨테이너, 원자력발전(특정 자원에 대한 지역자원시설세)**과 **소방시설, 오물처리시설 등(특정 부동산에 대한 지역자원시설세)**을 과세대상으로 과세
	시·군세	보통세	담배소비세	담배제조자와 담배 수입판매업자 및 외국으로부터 담배를 반입하는 사람을 납세의무자로 **제조담배(수입담배 포함)**의 제조장 또는 **보세구역으로부터 반출되는 담배**에 대해 과세
			주민세	• **균등분 주민세**: 시·군 안에 **주소**를 둔 개인과 **사업소**를 둔 법인 및 일정한 규모 이상의 **사업소**를 둔 개인에게 균등액을 과세 • **재산분 주민세**: 과세기준일(매년 7월 1일) 현재 사업소 과세대장에 등재된 사업주에게 **사업소 연면적**에 대하여 일정률로 과세 • **종업원분 주민세**는 종업원에게 급여를 지급하는 사업주에 대해 **매월 지급된 종업원 급여총액의 일정률**로 과세
			지방소득세	소득세 납세의무자에 대한 지방소득세(**개인지방소득세**)와 법인세 납세의무자에 대한 지방소득세(**법인지방소득세**)로 구분되며, 소득세액 또는 법인세액의 10%를 지방소득세로 과세
			재산세	과세기준일(6월 1일) 현재 시·군·구 안에 있는 **토지, 건축물**(건물과 그 부속토지를 통합과세), **주택의 건축물, 선박 및 항공기**를 **소유**하고 있는 자를 대상으로 과세
			자동차세	• **소유에 대한 자동차세**: 「자동차관리법」에 따라 등록 또는 신고된 **차량**과 「건설기계관리법」에 따라 등록된 **덤프트럭 및 콘크리트 믹서트럭**을 소유하는 자를 대상으로 과세 • **주행에 대한 자동차세: 유류에 대한 교통·에너지·환경세 납세의무자**를 대상으로 과세

*1 **지방세소비세**는 **부가가치세 차가감납부할 세액의 일부**를 지방세로 전환한 것이므로, 지방소비세의 과세대상과 납세의무자는 부가가치세와 동일함.

제2절 지방세법 기초

1. 조세법의 의의

(조)**세법**(tax law)은 과세주체인 국가 또는 지방자치단체와 경제활동의 주체인 국민간에 발생하는 조세법률관계를 규율하는 법규를 말한다. 국가와 국민간의 **조세관계**는 법률에 따라 세금을 계산하여 **신고납부**하거나 **부과징수**하고, 신고납부나 부과징수에 위법부당함이 있는 경우에 **구제절차**를 거치게 되며, 조세를 포탈한 경우에 **조세범으로 처벌**받게 되는 것 등을 들 수 있다.

2. 지방세에 관한 조세법전 체계

(조)**세법전**은 조세에 관한 법규를 통일적·체계적으로 편찬한 성문조세법의 전체를 말한다. 조세법전 체계는 **일반법전**, **개별법전** 및 **특례법전**으로 이루어져 있다.

우리나라의 조세법전 체계는 국세와 지방세로 구분되어 있다. **국세에 관한 조세법전체계**는 「국세기본법」, 「국세징수법」, 「조세범처벌법」, 「조세범처벌절차법」과 같은 **일반법전**과 「법인세법」, 「소득세법」 및 「부가가치세법」 등 조세법이 **개별법전**으로 규정되어 있다. **지방세에 관한 조세법전 체계**는 **일반법전**인 「지방세기본법」, 「지방세징수법」과 **개별법전**인 「지방세법」으로 구성되어 있다. 그리고 일반법전과 개별법전 이외에 **국세의 특례법전**으로 「조세특례제한법」이, **지방세의 특례법전**으로 「지방세특례제한법」이 별도로 제정되어 있다.

구 분	일반법전	개별법전	특례법전
국 세	국세기본법, 국세징수법, 조세범처벌법, 조세범처벌절차법	법인세법, 소득세법, 부가가치세법 등 12개 법전	조세특례제한법
지 방 세	지방세기본법, 지방세징수법	지방세법	지방세 특례제한법

「**지방세기본법**」은 지방세에 관한 기본적이고 공통적인 사항과 납세자의 권리·의무 및 권리구제에 관한 사항 등을 규정함으로써 지방세에 관한 법률관계를 명확하게 하고, 공정한 과세를 추구하며, 지방자치단체 주민이 납세의무를 원활히 이행하도록 함을 목적으로 한다(지방세기본법 1).

「**지방세징수법**」은 지방세 징수에 필요한 사항을 규정함으로써 지방세 수입을 확보함을 목적으로 한다(지방세징수법 1).

「**지방세법**」은 지방자치단체가 과세하는 지방세 각 세목의 과세요건 및 부과·징수, 그 밖에 필요한 사항을 규정함을 목적으로 한다(지방세법 1).

「**지방세특례제한법**」은 지방세 감면 및 특례에 관한 사항과 이의 제한에 관한 사항을 규정하여 지방세 정책을 효율적으로 수행함으로써 건전한 지방재정 운영 및 공평과세 실현에 이바지함을 목적으로 한다(지방세특례법 1).

구 분			법률
국세에 관한 법률	일반세법	조세에 관한 일반적이고 공통되는 사항을 규정한 세법	국세기본법, 국세징수법, 조세범처벌법, 조세범처벌절차법
	개별세법	각 조세의 종목과 세율을 규정한 세법	법인세법, 소득세법, 부가가치세법 등 일반세법 이외의 세법
	특례세법	조세특례에 관한 세법	조세특례제한법
지방세에 관한 법률	일반세법	지방세에 관한 일반적이고 공통되는 사항을 규정한 세법	지방세기본법, 지방세징수법
	개별세법	각 지방세의 종목과 세율을 규정한 세법	지방세법(취득세, 등록면허세, 주민세 등 지방세에 관한 세목을 규정)
	특례세법	지방세특례에 관한 세법	지방세특례제한법

지방자치단체는 지방세가 정하는 바에 따라 조례와 규칙을 제정하고 이에 따라 지방세를 부과·징수한다.

3. 지방세기본법의 규정사항

「지방세기본법」은 지방세에 관한 기본적 사항과 부과·징수에 필요한 사항 및 위법 또는 부당한 처분에 대한 불복절차와 지방세 범칙행위에 대한 처벌에 관한 사항 등을 규정하고 있으며, 다음과 같이 구성되어 있다.

지방세기본법의 규정사항	
장	절
제1장 총칙	제1절 통칙 제2절 과세권 등 제3절 지방세 부과 등의 원칙 재4절 기간과 기한 제4절 서류의 송달
제2장 납세의무	제1절 납세의무의 성립 및 소멸 제2절 납세의무의 확장 및 보충적 납세의무
제3장 부과	
제4장 지방세환급금과 납세담보	제1절 지방세환급금과 지방세환급가산금 제2절 납세담보 제3절 지방세환급금과 지방세환급가산금 제4절 징수유예 등 제5절 납세담보
제5장 지방세와 다른 채권과의 관계	
제6장 납세자의 권리	
제7장 이의신청 및 심사청구와 심판청구	
제8장 범칙행위 등에 관한 처벌 및 처벌절차	
제9장 과세자료의 제출 및 관리	
제10장 지방세 업무의 정보화	
제11장 보칙	

제2장 총칙

제1절 통칙

1. 지방세기본법의 의의

1.1 목적과 규정사항

「지방세기본법」은 **지방세에 관한 기본적이고 공통적인 사항**과 **납세자의 권리·의무 및 권리구제에 관한 사항 등**을 규정함으로써 **지방세에 관한 법률관계를 명확**하게 하고, **공정한 과세를 추구**하며, 지방자치단체 주민이 **납세의무를 원활히 이행**하도록 함을 목적으로 한다(지방세기본법 1).

1.2 지방세기본법과 지방세관계법

지방세는 「지방세기본법」과 지방세관계법에 근거한다. 지방세관계법은 **「지방세징수법」, 「지방세법」, 「지방세특례제한법」, 「조세특례제한법」** 및 **「제주특별자치도 설치 및 국제자유도시 조성을 위한 특별법」**을 말한다(지방세기본법 2 ① (4)).

지방세 관계법	내용	비고
지방세 징수법	「지방세징수법」은 **지방세 징수에 필요한 사항**을 규정함으로써 지방세수입을 확보함을 목적으로 함(지방세징수법 1)	
지방세법	「지방세법」은 지방자치단체가 과세하는 **지방세 각 세목의 과세요건 및 부과·징수, 그밖에 필요한 사항**을 규정함을 목적으로 함(지방세법 1).	지방세의 경우 각 지방세별로 각각 개별 세법에 규정하지 아니하고 「지방세법」이라는 단일 세법에 11 가지 지방세를 모두 규정하고 있음
지방세 특례 제한법	「지방세특례제한법」은 **지방세 감면 및 특례에 관한 사항과 이의 제한에 관한 사항**을 규정하여 지방세 정책을 효율적으로 수행함으로써 건전한 지방재정 운영 및 공평과세 실현에 이바지함을 목적으로 함(지방세특례법 1).	
조세특례 제한법	「조세특례제한법」은 **조세의 감면 또는 중과 등 조세특례와 이의 제한에 관한 사항**을 규정하여 과세의 공평을 기하고 조세정책을 효율적으로 수행함으로써 국민경제의 건전한 발전에 이바지함을 목적으로 함(특례법 1)	
제주특별 자치도 설치 및 국제자유 도시 조성을 위한 특별법	「제주특별자치도 설치 및 국제자유도시 조성을 위한 특별법」은 종전의 제주도의 지역적·역사적·인문적 특성을 살리고 자율과 책임, 창의성과 다양성을 바탕으로 고도의 자치권이 보장되는 제주특별자치도를 설치하여 실질적인 지방분권을 보장하고, 행정규제의 폭넓은 완화 및 국제적 기준의 적용 등을 통하여 국제자유도시를 조성함으로써 국가발전에 이바지함을 목적으로 함(제주특별법 1)	

2. 용어의 정의

세법은 **각 조문을 엄격하게 해석**하여야 하므로 용어를 명확하게 정의하는 것이 중요하다. 따라서 「지방세기본법」은 지방세와 관련된 일반적인 용어를 정의하고 있으며, 지방세에 관하여 **지방세관계법에 별도의 규정이 있는 경우를 제외**하고는 「지방세기본법」에서 정하는 용어를 사용하여야 한다.

「지방세기본법」에서 사용하는 용어의 뜻은 다음과 같다(지방세기본법 2 ①).

2.1 지방자치단체

지방자치단체는 특별시·광역시·특별자치시·도·특별자치도·시·군·구(자치구를 말함)를 말한다.[1)]

2.2 지방자치단체의 장

지방자치단체의 장은 특별시장·광역시장·특별자치시장·도지사·특별자치도지사·시장·군수·구청장(자치구의 구청장을 말함)을 말한다.

2.3 지방세

지방세는 특별시세, 광역시세, 특별자치시세, 도세, 특별자치도세 또는 시·군세, 구세(지방자치단체인 구의 구세를 말함)를 말한다.

2.4 지방세관계법

지방세관계법은 「지방세징수법」, 「지방세법」, 「지방세특례제한법」, 「조세특례제한법」 및 「제주특별자치도 설치 및 국제자유도시 조성을 위한 특

1) 지방자치단체는 광역자치단체(특별시·광역시·도)와 기초광역자치단체[시·군·구(자치구를 말함)]로 구분한다.

별법」을 말한다.

2.5 과세표준

과세표준은 「지방세법」에 따라 직접적으로 **세액산출의 기초가 되는 과세물건의 수량·면적 또는 가액 등**을 말한다.

2.6 표준세율

표준세율은 지방자치단체가 지방세를 부과할 경우에 통상 적용하여야 할 세율로서 재정상의 사유 또는 그 밖의 특별한 사유가 있는 경우에는 이에 따르지 아니할 수 있는 세율을 말한다.

2.7 과세표준신고서

과세표준신고서는 지방세의 과세표준·세율·납부세액 등 지방세의 납부 또는 환급을 위하여 필요한 사항을 기재한 신고서를 말한다.

2.8 과세표준수정신고서

과세표준수정신고서는 처음 제출한 과세표준신고서의 기재사항을 수정하는 신고서를 말한다.

2.9 법정신고기한

법정신고기한은 「지방세기본법」 또는 지방세관계법에 따라 과세표준신고서를 제출할 기한을 말한다.

2.10 세무공무원

세무공무원은 지방자치단체의 장 또는 지방세의 부과·징수 등에 관한 사무를 위임받은 공무원을 말한다.

2.11 납세의무자

납세의무자는 「지방세법」에 따라 지방세를 납부할 의무(지방세를 특별징수하여 납부할 의무는 제외)가 있는 자를 말한다.

2.12 납세자

납세자는 납세의무자(연대납세의무자와 제2차 납세의무자 및 보증인을 포함)와 특별징수의무자를 말한다.

2.13 제2차납세의무자

제2차납세의무자는 납세자가 납세의무를 이행할 수 없는 경우에 납세자를 갈음하여 납세의무가 있는 자를 말한다.

<table>
<tr><td rowspan="3">납세자</td><td rowspan="2">납세의무자</td><td>본래의 납세의무자
(특별징수의무자 제외)</td><td>연대납세의무자
납세의무승계자</td></tr>
<tr><td>보충적 납세의무자</td><td>제2차 납세의무자
물적납세의무자
납세보증인</td></tr>
<tr><td colspan="2">특별징수납부의무자*1</td><td></td></tr>
</table>

*1 **특별징수납부의무자**는 납세의무자는 아니나 납세자에 해당함.

2.14 보증인

보증인은 납세자의 지방세·가산금 또는 체납처분비의 납부를 보증한 자를 말한다.

2.15 납세고지서

납세고지서는 납세자가 납부할 지방세의 부과근거가 되는 법률 및 해당 지방자치단체의 조례규정, 납세자의 주소, 성명, 과세표준, 세율, 세액, 납부기한, 납부장소, 납부기한까지 납부하지 아니한 경우에 이행될 조치 및 지방세 부과가 법령에 어긋나거나 착오가 있는 경우의 구제방법 등을 기재한 문서로서 세무공무원이 작성한 것을 말한다.

2.16 신고납부

신고납부는 납세의무자가 그 납부할 지방세의 과세표준과 세액을 신고하고, 신고한 세금을 납부하는 것을 말한다.

2.17 부과

부과는 지방자치단체의 장이 「지방세기본법」 또는 지방세관계법에 따라 납세의무자에게 지방세를 부담하게 하는 것을 말한다.

2.18 징수

징수는 지방자치단체의 장이 「지방세기본법」 또는 지방세관계법에 따라 납세자로부터 지방자치단체의 징수금을 거두어들이는 것을 말한다.

2.19 보통징수

보통징수는 세무공무원이 납세고지서를 해당 납세자에게 발급하여 지방세를 징수하는 것을 말한다.

2.20 특별징수

특별징수는 지방세를 징수할 때 편의상 징수할 여건이 좋은 자로 하여금 징수하게 하고 그 징수한 세금을 납부하게 하는 것을 말한다.

2.21 특별징수의무자

특별징수의무자는 특별징수에 의하여 지방세를 징수하고 이를 납부할 의무가 있는 자를 말한다.

2.22 지방자치단체의 징수금

지방자치단체의 징수금은 **지방세와 가산금 및 체납처분비**를 말한다.

2.23 가산세

가산세는 「지방세기본법」 또는 지방세관계법에서 규정하는 의무를 성실하게 이행하도록 하기 위하여 의무를 이행하지 아니할 경우에 「지방세기본법」 또는 지방세관계법에 따라 산출한 세액에 가산하여 징수하는 금액을 말한다. 다만, 가산금은 포함하지 아니한다.

2.24 가산금

가산금은 지방세를 납부기한까지 납부하지 아니할 때에 「지방세기본법」 또는 지방세관계법에 따라 고지세액에 가산하여 징수하는 금액과 납부기한이 지난 후 일정기한까지 납부하지 아니할 때에 그 금액에 다시 가산하여 징수하는 금액을 말한다.

2.25 체납처분비

체납처분비는 「지방세징수법(제3장)」의 체납처분에 관한 규정에 따른 재산의 압류·보관·운반과 매각에 드는 비용(매각을 대행시키는 경우 그 수수료를 포함)을 말한다.

2.26 공과금

공과금은 「지방세징수법」 또는 「국세징수법」에서 규정하는 체납처분의 예에 따라 징수할 수 있는 채권 중 국세·관세·임시수입부가세 및 지방세와 이에 관계되는 가산금 및 체납처분비를 제외한 것을 말한다.

2.27 지방자치단체조합

지방자치단체조합은 「지방자치법」에 따른 지방자치단체조합[2)]을 말한다.

2.28 지방세정보통신망

지방세정보통신망은 「전자정부법」에 따른 정보통신망3)으로서 행정안전부장관이 고시하는 지방세에 관한 정보통신망을 말한다.

2.29 전자신고

전자신고는 과세표준신고서 등 「지방세기본법」 또는 지방세관계법에 따른 신고 관련 서류를 지방세정보통신망을 통하여 신고하는 것을 말한다.

2.30 전자납부

전자납부는 지방자치단체의 징수금을 지방세정보통신망 또는 「지방세기본법」에 따라 지방세정보통신망과 지방세수납대행기관 정보통신망을 연계한 인터넷, 전화통신장치, 자동입출금기 등의 전자매체를 이용하여 납부하는 것을 말한다.

2.31 전자송달

전자송달은 「지방세기본법」 또는 지방세관계법에 따라 지방세정보통신망 또는 「정보통신망 이용촉진 및 정보보호 등에 관한 법률」에 따른 정보통신망으로서 이 법에 따른 송달을 위하여 지방세정보통신망과 연계된 정보통신망(이하 "연계정보통신망"이라 함)을 이용하여 송달을 하는 것을 말한다.

---

2) **지방자치단체조합의 설립**: 2개 이상의 지방자치단체가 하나 또는 둘 이상의 사무를 공동으로 처리할 필요가 있을 때에는 규약을 정하여 그 지방의회의 의결을 거쳐 시·도는 행정안전부장관의, 시·군 및 자치구는 시·도지사의 승인을 받아 지방자치단체조합을 설립할 수 있다. 다만, 지방자치단체조합의 구성원인 시·군 및 자치구가 2개 이상의 시·도에 걸치는 지방자치단체조합은 행정안전부장관의 승인을 받아야 한다(지방자치법 159 ①). 지방자치단체조합은 법인으로 한다(지방자치법 159 ②).

3) **정보통신망**은 「전기통신기본법」에 따른 전기통신설비를 활용하거나 전기통신설비와 컴퓨터 및 컴퓨터 이용기술을 활용하여 정보를 수집·가공·저장·검색·송신 또는 수신하는 정보통신체제를 말한다(전자정부법 2 ⑩).

2.32 체납자

체납자는 납세자로서 지방세를 납부기한까지 납부하지 아니한 자를 말한다.

2.33 체납액

체납액은 체납된 지방세와 그 가산금, 체납처분비를 말한다.

2.34 특수관계인

특수관계인은 **본인과 다음의 어느 하나에 해당하는 관계에 있는 자**를 말한다. 이 경우 「지방세기본법」 및 지방세관계법을 적용할 때 **본인도 그 특수관계인의 특수관계인**으로 본다.

① 혈족 · 인척 등 일정한 **친족관계**4)

② 임원 · 사용인 등 일정한 **경제적 연관관계**5)

③ 주주 · 출자자 등 일정한 **경영지배관계**6)

---

4) **혈족 · 인척 등 일정한 친족관계**: 혈족 · 인척 등 일정한 친족관계는 다음의 어느 하나에 해당하는 관계(**친족관계**)를 말한다(지방세기본령 2 ①).
① 6촌 이내의 혈족
② 4촌 이내의 인척
③ 배우자(사실상의 혼인관계에 있는 사람을 포함)
④ 친생자로서 다른 사람에게 친양자로 입양된 사람 및 그 배우자 · 직계비속

5) **임원 · 사용인 등 일정한 경제적 연관관계**: 임원 · 사용인 등 일정한 경제적 연관관계는 다음의 어느 하나에 해당하는 관계(**경제적 연관관계**)를 말한다(지방세기본령 2 ②).
① 임원과 그 밖의 사용인
② 본인의 금전이나 그 밖의 재산으로 생계를 유지하는 사람
③ ① 또는 ②의 사람과 생계를 함께하는 친족

6) **주주 · 출자자 등 일정한 경영지배관계**: 주주 · 출자자 등 일정한 경영지배관계는 다음의 구분에 따른 관계를 말한다(지방세기본령 2 ③).
① 본인이 개인인 경우: 본인이 직접 또는 그와 친족관계 또는 경제적 연관관계에 있는 자를 통하여 법인의 경영에 대하여 지배적인 영향력을 행사하고 있는 경우 그 법인
② 본인이 법인인 경우
㉠ 개인 또는 법인이 직접 또는 그와 친족관계 또는 경제적 연관관계에 있는 자를 통하여 본인인 법인의 경영에 대하여 지배적인 영향력을 행사하고 있는 경우 그 개인 또는 법인

2.35 과세자료

과세자료는 「지방세기본법」에 따른 과세자료제출기관이 직무상 작성하거나 취득하여 관리하는 자료로서 지방세의 부과·징수와 납세의 관리에 필요한 자료를 말한다.

3. 규정의 준용

「지방세기본법」 또는 지방세관계법에서는 법률편제상 도와 시·군에 관한 규정을 중심으로 규정되어 있다. 따라서 「지방세기본법」 또는 지방세관계법에서 별도의 규정이 있는 경우를 제외하고는 도에 관한 규정은 특별시와 광역시에 준용하고, 시·군에 관한 규정은 (자치)구에 각각 준용하도록 규정하고 있다.

「지방세기본법」 또는 지방세관계법에 별도의 규정이 있는 경우를 제외하고는 특별시와 광역시에 관하여는 도(道)에 관한 규정을, 특별자치시와 특별자치도에 관하여는 도와 시·군에 관한 규정을, 구(區)에 관하여는 시·군에 관한 규정을 각각 준용한다. 이 경우 "도", "도세", "도지사" 또는 "도 공무원"은 각각 "특별시, 광역시, 특별자치시 또는 특별자치도", "특별시세, 광역시세, 특별자치시세 또는 특별자치도세", "특별시장, 광역시장, 특별자치시장 또는 특별자치도지사" 또는 "특별시 공무원, 광역시

㉡ 본인이 직접 또는 그와 경제적 연관관계 또는 ㉠의 관계에 있는 자를 통하여 어느 법인의 경영에 대하여 지배적인 영향력을 행사하고 있는 경우 그 법인
이 규정을 적용할 때 다음 각 구분에 따른 요건에 해당하는 경우 해당 법인의 경영에 대하여 지배적인 영향력을 행사하고 있는 것으로 본다(지방세기본령 2 ④).
① 영리법인인 경우
㉠ 법인의 발행주식 총수 또는 출자총액의 50% 이상을 출자한 경우
㉡ 임원의 임면권의 행사, 사업방침의 결정 등 법인의 경영에 대하여 사실상 영향력을 행사하고 있다고 인정되는 경우
② 비영리법인인 경우
㉠ 법인의 이사의 과반수를 차지하는 경우
㉡ 법인의 출연재산(설립을 위한 출연재산만 해당)의 30% 이상을 출연하고 그 중 1인이 설립자인 경우

공무원, 특별자치시 공무원 또는 특별자치도 공무원"으로, "시 · 군", "시 · 군세", "시장 · 군수" 또는 "시 · 군 공무원"은 각각 "특별자치시, 특별자치도 또는 구", "특별자치시세, 특별자치도세 또는 구세", "특별자치시장, 특별자치도지사 또는 구청장" 또는 "특별자치시 공무원, 특별자치도 공무원 또는 구 공무원"으로 본다(지방세기본법 2 ②).

4. 지방세관계법과의 관계

지방세에 관하여 **지방세관계법에 별도의 규정이 있는 경우를 제외**하고는 「지방세기본법」에서 정하는 바에 따른다(지방세기본법 3).[7)]

7) 지방세에 관하여 「지방세기본법」에 규정된 내용이라 하더라도 **지방세관계법에서 「지방세기본법」과 다르게 규정되어 있는 경우**에는 그 규정이 「지방세기본법」에 우선하여 적용된다.

제2절 과세권 등

1. 과세권

1.1 지방자치단체의 과세권

지방자치단체는 「지방세기본법」 또는 지방세관계법에서 정하는 바에 따라 지방세의 과세권을 갖는다(지방세기본법 4).

1.2 지방세의 부과·징수에 관한 조례

지방자치단체는 지방세의 세목(稅目), 과세대상, 과세표준, 세율, 그 밖에 부과·징수에 필요한 사항을 정할 때에는 「지방세기본법」 또는 지방세관계법에서 정하는 범위에서 **조례**로 정하여야 한다(지방세기본법 5 ①). 지방자치단체의 장은 조례의 시행에 따르는 절차와 그밖에 그 시행에 필요한 사항을 **규칙**으로 정할 수 있다(지방세기본법 5 ②).

1.3 지방자치단체의 장의 권한위임 등

지방자치단체의 장은 「지방세기본법」 또는 지방세관계법에 따른 권한의 일부를 소속 공무원에게 위임하거나 중앙행정기관의 장(소속기관의 장을 포함) 또는 다른 지방자치단체의 장에게 위탁 또는 위임할 수 있다(지방세기본법 6 ①).

지방자치단체의 장의 권한을 위탁받거나 위임받은 중앙행정기관의 장이나 다른 지방자치단체의 장은 그 권한의 일부를 소속 공무원에게 재위임할 수 있다(지방세기본법 6 ②).

권한을 위탁 또는 위임받은 중앙행정기관의 장 및 지방자치단체의 장과 권한을 재위임받은 소속 공무원은 세무공무원으로 본다(지방세기본법 6 ③).

2. 지방세의 세목

2.1 지방세의 종류

지방세는 보통세와 목적세, 특별시세와 광역시세, 도세, 구세와 시·군세 등의 분류기준에 따라 다음과 같이 분류할 수 있다.

구분	세 목		지방자치단체		
			도	특별시	광역시
보통세	취득세		도세	특별시세	광역시세
	등록면허세		도세	구세	구세
	레저세		도세	특별시세	광역시세
	담배소비세		시·군세	특별시세	광역시세
	지방소비세		도세	특별시세	광역시세
	주민세	균등분	시·군세	특별시세	광역시세
		재산분	시·군세	특별시세	광역시세
		종업원분	시·군세	특별시세	광역시세
	지방소득세		시·군세	특별시세	광역시세
	재산세		시·군세	구세	구세
	자동차세		시·군세	특별시세	광역시세
목적세	지역자원시설세		도세	특별시세	광역시세
	지방교육세		도세	특별시세	광역시세

2.2 지방세의 세목: 보통세와 목적세

지방세는 보통세와 목적세로 한다(지방세기본법 7 ①). 보통세와 목적세의 세목은 다음과 같다(지방세기본법 7 ②③).

구 분	세 목
보통세	취득세, 등록면허세, 레저세, 담배소비세, 지방소비세, 주민세, 지방소득세, 재산세, 자동차세
목적세	지역자원시설세, 지방교육세

3. 지방자치단체의 세목

3.1 특별시세와 광역시세

특별시세와 광역시세는 다음과 같다. 다만, 광역시의 군 지역에서는 도세를 광역시세로 한다(지방세기본법 8 ①).

구 분	세 목
보통세	취득세, 레저세, 담배소비세, 지방소비세, 주민세, 지방소득세, 자동차세
목적세	지역자원시설세, 지방교육세

3.2 도세

도세는 다음과 같다(지방세기본법 8 ②).

구 분	세 목
보통세	취득세, 등록면허세, 레저세, 지방소비세
목적세	지역자원시설세, 지방교육세

3.3 구세

구세는 다음과 같다(지방세기본법 8 ③).

구 분	세 목
보통세	등록면허세, 재산세

3.4 시·군세

시·군세(광역시의 군세를 포함)는 다음과 같다(지방세기본법 8 ④).

구 분	세 목
보통세	담배소비세, 주민세, 지방소득세, 재산세, 자동차세

3.5 특별자치시세와 특별자치도세

특별자치시세와 특별자치도세는 다음과 같다(지방세기본법 8 ⑤).

구 분	세 목
보통세	취득세, 등록면허세, 레저세, 담배소비세, 지방소비세, 주민세, 지방소득세, 재산세, 자동차세
목적세	지역자원시설세, 지방교육세

4. 특별시의 재산세 공동과세 등

4.1 특별시의 관할구역 재산세의 공동과세[8)]

특별시 관할구역에 있는 구의 경우에 재산세(「지방세법」에 따른 선박 및 항공기에 대한 재산세와 재산세 과세특례 규정에 따라 산출된 재산세는 제외)는 특별시세 및 구세인 재산세로 한다(지방세기본법 9 ①).

특별시세 및 구세인 재산세 중 특별시분 재산세와 구(區)분 재산세는 각각 「지방세법」에 따라 산출된 재산세액의 50%를 그 세액으로 한다. 이 경우 특별시분 재산세는 보통세인 특별시세로 보고 구(區)분 재산세는 보통세인 구세로 본다(지방세기본법 9 ②).

「지방세법」의 재산세 과세특례 규정에 따른 재산세는 특별시세로 한다(지방세기본법 9 ③).[9)]

4.2 특별시분 재산세의 교부

특별시장은 **특별시의 관할구역 재산세의 공동과세 규정**에 따른 특별시분 재산세 전액을 관할구역의 구에 교부하여야 한다(지방세기본법 10 ①).

특별시분 재산세의 교부기준 및 교부방법 등 필요한 사항은 구의 지방세수 등을 고려하여 **특별시의 조례**로 정한다. 다만, 교부기준을 정하지 아니한 경우에는 구에 균등 배분하여야 한다(지방세기본법 10 ②).

---

8) 재산세는 특별시에 소속된 구가 과세할 수 있는 구세이나, 재산세가 많이 징수되는 자치구의 재원 중 일부를 특별시가 받아 재정자립도가 낮은 자치구에 나누어 주기 위하여, 예외적으로 각각 50%씩 안분하여 각각 특별시세와 구세로 하고 있다(**공동세원이용제도**). 공동세원이용제도에 따라 특별시가 안분받은 재산세는 특별시세에 속하고, 해당 자치구가 안분받은 재산세는 구세에 해당한다.

9) **과세특례분 재산세(폐지된 도시계획세)**는 도시계획세가 특별시세에 속해 있었다는 것을 유지하기 위하여 전액 특별시세로 하도록 예외를 인정하고 있다.

특별시로부터 교부받은 재산세는 해당 구의 재산세 세입으로 본다(지방세기본법 10 ③).

4.3 주민세의 특례

광역시의 경우에는 「지방세법」에 따른 주민세 재산분 중 종업원분은 구세로 한다(지방세기본법 11).

5. 과세권의 조정과 승계

5.1 관계 지방자치단체의 장의 의견이 서로 다른 경우의 조치

지방자치단체의 장은 과세권의 귀속이나 그 밖에 「지방세기본법」 또는 지방세관계법을 적용할 때 다른 지방자치단체의 장과 의견이 달라 합의되지 아니할 경우에는 하나의 특별시·광역시·도(이하 "시·도"라 함) 내에 관한 것은 특별시장·광역시장·도지사(이하 "시·도지사"라 함), 둘 이상의 특별시·광역시·특별자치시·도·특별자치도(이하 "시·도 등"이라 함)에 걸쳐 있는 것에 관하여는 행정안전부장관에게 그에 관한 결정을 청구하여야 한다(지방세기본법 12 ①). 시·도지사 또는 행정안전부장관은 관계 지방자치단체의 장으로부터 결정의 청구를 받아 수리(受理)하였을 때에는 청구를 수리한 날부터 60일 이내에 결정하고, 지체 없이 그 결과를 관계 지방자치단체의 장에게 통지하여야 한다(지방세기본법 12 ②).

시·도지사의 결정에 불복하는 시장·군수·구청장은 그 통지를 받은 날부터 30일 이내에 행정안전부장관에게 심사를 청구할 수 있다(지방세기본법 12 ③). 행정안전부장관은 심사의 청구를 수리하였을 때에는 청구를 수리한 날부터 60일 이내에 그에 대한 재결(裁決)을 하고, 그 결과를 지체 없이 관계 지방자치단체의 장에게 통지하여야 한다(지방세기본법 12 ④).

5.2 시·군을 폐지·설치·분리·병합한 경우의 과세권 승계

특별자치시·특별자치도·시·군·구(이하 "시·군·구"라 함)를 폐지

·설치·분리·병합한 경우 그로 인하여 소멸한 시·군·구(이하 "소멸 시·군·구"라 함)의 징수금의 징수를 목적으로 하는 권리(이하 "징수금에 관한 권리"라 함)는 그 소멸 시·군·구의 지역이 새로 편입하게 된 시·군·구(이하 "승계 시·군·구"라 함)가 각각 승계한다. 이 경우 소멸 시·군·구의 부과·징수, 그 밖의 절차와 이미 접수된 신고, 심사청구, 그 밖의 절차는 각각 승계 시·군·구의 부과·징수 및 그 밖의 절차 또는 이미 접수된 신고, 심사청구, 그 밖의 절차로 본다(지방세기본법 13 ①).

소멸 시·군·구의 징수금에 관한 권리를 승계할 승계 시·군·구가 둘 이상 있는 경우에 각각 승계할 그 소멸 시·군·구의 징수금에 관한 권리에 대하여 해당 승계 시·군·구의 장 사이에 의견이 달라 합의가 되지 아니할 때에는 하나의 시·도 내에 있는 것에 관하여는 시·도지사, 둘 이상의 시·도등에 걸쳐 있는 것에 관하여는 행정안전부장관에게 그에 관한 결정을 청구하여야 한다(지방세기본법 13 ②).[10)]

승계 시·군·구가 소멸 시·군·구의 징수금에 관한 권리를 승계하여 부과·징수하는 경우에는 소멸 시·군·구의 부과·징수의 예에 따른다(지방세기본법 13 ④).

5.3 시·군의 경계변경을 한 경우의 과세권 승계

시·군·구의 경계변경이 있는 경우 또는 시·군·구의 폐지·설치·분리·병합으로 새로 설치된 시·군·구의 전부 또는 일부가 종래 속하였던 시·군·구에 아직 존속할 경우에는 그 경계변경이 있었던 구역이 종래 속하였던 시·군·구 또는 새로 설치된 시·군·구 지역의 전부 또는 일부가 종래 속하였던 시·군·구[이하 "구(舊)시·군·구"라 함]의 해당 구역 또는 지역에 대한 지방자치단체의 징수금으로서 다음에 열거하는 징수금(②의 지방자치단체의 징수금은 그 경계변경 또는 폐지·설치·분리·병합이 있는 날이 속하는 연도분 후의 연도분으로 과세되는 것으로 한정함)에 관한 권리는 해당 구역 또는 지역이 새로 속하게 된 시·군·구[이하 "신(新)시·군·구"라 함]가 승계한다. 다만, 구(舊)시·군·구와

10) 청구와 그 청구에 대한 시·도지사 또는 행정안전부장관의 결정에 관하여는 관계 지방자치단체의 장의 의견이 다른 경우의 조치 규정을 준용한다(지방세기본법 13 ③).

신(新)시・군・구가 협의하여 이와 다른 결정을 하였을 때에는 그 결정한 바에 따라 승계할 수 있다(지방세기본법 14 ①).[11]

① 신고납부의 방법으로 징수하는 지방자치단체의 징수금은 그 경계변경 또는 폐지·설치·분리·병합이 있은 날 전에 납부기한이 도래하지 아니한 것으로서 해당 구시·군·구에 수입되지 아니한 것

② ① 외의 지방자치단체의 징수금은 그 경계변경 또는 폐지·설치·분리·병합을 한 날 이전에 해당 구시·군·구에 수입되지 아니한 것

지방자치단체의 징수금을 승계한 경우에는 구시·군·구는 신시·군·구의 요구에 따라 그 징수금의 부과·징수에 편의를 제공하여야 한다(지방세기본법 14 ③).

5.4 시·도 등의 경계변경을 한 경우의 과세권 승계

시·도 등의 경계가 변경된 경우에 그 경계변경된 구역에서의 시·도의 징수금에 관한 권리의 승계는 시·군·구를 폐지·설치·분리·병합한 경우의 과세권 승계 규정과 시·군·구의 경계변경을 한 경우의 과세권 승계 규정에서 규정한 방법에 준하여 관계 시·도 등이 협의하여 정한다(지방세기본법 15 ①). 이러한 협의가 되지 아니할 경우에는 관계 지방자치단체의 장의 의견이 서로 다른 경우의 조치 규정을 준용하고, 협의에 따라 경계변경된 구역에 대한 시·도의 징수금에 관한 권리를 승계하는 경우에는 시·군·구를 폐지·설치·분리·병합한 경우의 과세권 승계 규정을 준용한다(지방세기본법 15 ②).

5.5 시행령의 위임

5.2부터 5.4까지의 규정에서 정하는 과세권 승계 외에 시·군·구의 경계변경 또는 폐지·설치·분리·병합을 한 경우와 이로 인하여 시·도 등의 경계가 변경된 경우의 과세권의 승계에 필요한 사항은 시행령으로 정한다.

---

11) 위의 규정에 따라 승계하는 경우에는 시・군・구를 폐지・설치・분리・병합한 경우의 과세권 승계 규정을 준용한다(지방세기본법 14 ②).

제3절 지방세 부과 등의 원칙

1. 지방세부과의 원칙

1.1 실질과세

(1) 귀속자에 따른 실질과세

과세의 대상이 되는 소득·수익·재산·행위 또는 거래가 서류상 귀속되는 자는 명의(名義)만 있을 뿐 사실상 귀속되는 자가 따로 있을 때에는 **사실상 귀속되는 자를 납세의무자**로 하여 「지방세기본법」 또는 지방세관계법을 적용한다(지방세기본법 17 ①).

(2) 거래내용에 따른 실질과세

「지방세기본법」 또는 지방세관계법 중 과세표준 또는 세액의 계산에 관한 규정은 **소득·수익·재산·행위 또는 거래의 명칭이나 형식에 관계없이 그 실질내용에 따라 적용**한다(지방세기본법 17 ②).

1.2 신의·성실

납세자와 세무공무원은 신의에 따라 성실하게 그 의무를 이행하거나 직무를 수행하여야 한다(지방세기본법 18).

1.3. 근거과세

(1) 실질조사원칙

납세의무자가 지방세관계법에 따라 장부를 갖추어 기록하고 있을 때에는 해당 지방세의 과세표준 조사 및 결정은 **기록한 장부와 이에 관계되는 증거자료**에 따라야 한다(지방세기본법 19 ①).

(2) 조사 · 결정의 근거 기록

지방세를 조사 · 결정할 때 **기록 내용이 사실과 다르거나 누락된 것이 있을 때**에는 그 부분에 대해서만 지방자치단체가 조사한 사실에 따라 결정할 수 있다(지방세기본법 19 ②).

지방자치단체는 기록 내용과 다른 사실이나 누락된 것을 조사하여 결정하였으면 지방자치단체가 조사한 사실과 결정의 근거를 결정서에 덧붙여 적어야 한다(지방세기본법 19 ③).

지방자치단체의 장은 납세의무자 또는 그 대리인의 요구가 있을 때에는 제3항의 결정서를 열람하게 하거나 사본을 발급하거나 그 사본이 원본(原本)과 다름이 없음을 확인하여야 한다(지방세기본법 19 ④). 이 경우 요구는 구술로 한다. 다만, 해당 지방자치단체의 장이 필요하다고 인정하면 결정서를 열람하거나 사본을 발급받은 사람의 서명을 요구할 수 있다 (지방세기본법 19 ⑤).

2. 지방세적용의 원칙

2.1 해석의 기준 등

(1) 세법해석의 기준

「지방세기본법」 또는 지방세관계법을 해석 · 적용할 때에는 **과세의 형평과 해당 조항의 목적에 비추어 납세자의 재산권이 부당하게 침해되지 아니하도록** 하여야 한다(지방세기본법 20 ①).

(2) 소급과세의 금지

지방세를 납부할 의무(「지방세기본법」 또는 지방세관계법에 징수의무자가 따로 규정되어 있는 지방세의 경우에는 이를 징수하여 납부할 의무를 말한다) **가 성립**된 소득 · 수익 · 재산 · 행위 또는 거래에 대해서는 **의무 성립 후의 새로운 법에 따라 소급하여 과세하지 아니한다**(지방세기본법 20 ②).

「지방세기본법」 및 지방세관계법의 **해석 또는 지방세 행정의 관행이 일반적으로 납세자에게 받아들여진 후**에는 그 해석 또는 관행에 따른 행위나 계산은 정당한 것으로 보며 **새로운 해석 또는 관행에 따라 소급하여 과세되지 아니한다**(지방세기본법 20 ③).

2.2 세무공무원의 재량의 한계

세무공무원은 「지방세기본법」 또는 지방세관계법의 목적에 따른 한계를 준수하여야 한다(지방세기본법 21).

2.3 기업회계의 존중

세무공무원이 지방세의 **과세표준과 세액을 조사·결정할 때**에는 해당 납세의무자가 계속하여 적용하고 있는 기업회계의 기준 또는 관행이 일반적으로 공정하고 타당하다고 인정되는 것이면 존중하여야 한다. 다만, **지방세관계법에서 다른 규정을 두고 있는 경우**에는 그 법에서 정하는 바에 따른다(지방세기본법 22).

제4절 기간과 기한

1. 기간의 계산

1.1 기간의 계산방법

「지방세기본법」 또는 지방세관계법과 지방세에 관한 **조례**에서 규정하는 기간의 계산은 「지방세기본법」 또는 지방세관계법과 해당 조례에 특별한 규정이 있는 것을 제외하고는 「**민법**」을 따른다(지방세기본법 23).

1.2 민법의 기간계산 방법

「민법」의 기간계산 규정은 다음과 같다(민법 157-161). 기간의 계산은 **기산점**(起算點)부터 **만료점**(滿了點)까지의 계산을 어떤 단위로 표시한다.

(1) 기간의 기산점과 만료점

1) 기간의 기산점: 초일불산입 원칙과 예외

기간을 일, 주, 월 또는 연으로 정한 때에는 기간의 **초일은 산입하지 아니한다**. 그러나 그 기간이 오전 영(0)시로부터 시작하는 때에는 그러하지 아니하다(민법 157).

초일불산입 원칙의 예외	근 거
연령계산에 있어 출생일을 산입함	민법 158
「지방세기본법」 또는 지방세관계법과 지방세에 관한 조례에 특별한 규정이 있는 경우에는 초일을 산입함	지방세기본법 23

2) 기간의 만료점 : 말일산입의 원칙

기간을 일, 주, 월 또는 연으로 정한 때에는 **기간 말일의 종료**로 기간이 만료한다(민법 159).

(2) 역에 의한 기간계산

기간을 주, 월 또는 연으로 정한 때에는 역(曆)에 의하여 **계산**한다(민법 160 ①).

주, 월 또는 연의 처음으로부터 기간을 기산하지 아니한 때에는 최후의 주, 월 또는 연에서 그 기산일에 해당하는 날의 전일(前日)로 기간이 만료한다(민법 160 ②).

월 또는 연으로 기간을 정한 경우에 최종의 월에 해당 일이 없는 때에는 그 월의 말일로 기간이 만료한다(민법 160 ③).

2. 기한의 특례

2.1 기한의 특례: 신고·납부 등의 기한이 공휴일에 해당하는 경우

「지방세기본법」 또는 지방세관계법에서 규정하는 신고, **신청**, **청구**, **그 밖의 서류의 제출**, **통지**, **납부** 또는 **징수**에 관한 기한이 **공휴일**, **토요일**이거나 「근로자의 날 제정에 관한 법률」에 따른 **근로자의 날**일 때에는 **그 다음 날**을 기한으로 한다(지방세기본법 24 ①).

2.2 전자신고 또는 납부 특례: 정보통신망이 장애로 가동이 정지된 경우

「지방세기본법」 또는 지방세관계법에서 규정하는 신고기한일 또는 납부기한이 되는 날에 **장애**(정전, 통신상의 장애, 프로그램의 오류, 그 밖의 부득이한 사유)로 지방세정보통신망의 가동이 정지되어 전자신고 또는 전자납부를 할 수 없는 경우에는 그 장애가 복구되어 신고 또는 납부를 할 수 있게 된 날의 다음 날을 기한으로 한다(지방세기본법 24 ②, 지방세기본령 5).

3. 우편신고 및 전자신고

3.1 서류제출의 효력발생시기: 도달주의 원칙과 발신주의 특례

지방세와 관련하여 **납세자가 지방자치단체에 제출하는 서류의 송달**은 **발신주의**에 따르고, **지방자치단체가 납세자에게 송달하는 서류송달**의 효력은 해당 서류가 상대방에게 **도달한 날**에 발생한다(**도달주의**).

3.2 우편신고

우편으로 과세표준신고서, 과세표준수정신고서, 경정청구에 필요한 사항을 기재한 경정청구서 또는 이와 관련된 서류를 제출한 경우 우편법령에 따른 **통신날짜도장이 찍힌 날**(통신날짜도장이 찍히지 아니하였거나 찍힌 날짜가 분명하지 아니할 때에는 통상 걸리는 우송송달일수를 기준으로 발송한 날에 해당한다고 인정되는 날)에 신고된 것으로 본다(지방세기본법 25 ①).

3.3 전자신고

신고서 등을 지방세정보통신망을 이용하여 제출하는 경우에는 해당 신고서 등이 **지방세정보통신망에 저장된 때**에 신고된 것으로 본다(지방세기본법 25 ②).

4. 천재지변 등으로 인한 기한의 연장

4.1 기한의 연장의 의의

(1) 기한의 연장의 유형

「지방세기본법」은 ① 천재지변 등으로 인한 기한연장과 ② 송달지연으로 인한 기한연장을 인정하고 있다.

유 형	사 유	연장대상 기한	신청 유무
천재지변 등으로 인한 기한연장	천재·지변 등	신고, 신청, 청구, 그밖의 서류 제출, 통지, 납부, 징수기한	신청 필요하나 직권연장 가능
송달지연으로 인한 기한연장	납세고지서 등의 송달지연	납부기한	신청 없이 자동 연장

(2) 기한의 연장: 직권연장과 연장신청

지방자치단체의 장은 **천재지변, 사변, 화재, 그 밖의 일정한 사유**로 납세자가 「지방세기본법」 또는 지방세관계법에서 규정하는 신고·신청·청구 또는 그 밖의 서류 제출·통지나 납부를 정해진 기한까지 할 수 없다고 인정하는 경우에는 직군 또는 납세자의 신청으로 그 기한을 연장할 수 있다(지방세기본법 26 ①).

「지방세기본법」 또는 지방세관계법에서 정한 납부기한 만료일 10일 전에 납세자의 납부기한연장신청에 대하여 지방자치단체의 장이 신청일부터 10일 이내에 승인 여부를 통지하지 아니하면 그 10일이 되는 날에 납부기한의 연장을 승인한 것으로 본다(지방세기본법 26 ③).

4.2 기한연장 사유

기한을 연장할 수 있는 사유는 다음의 어느 하나에 해당하는 사유를 말한다(지방세기본법 26 ①, 지방세기본령 6).

① 천재지변, 사변, 화재
② 납세자가 재해 등을 입거나 도난당한 경우
③ 납세자 또는 동거가족이 질병이나 중상해로 6개월 이상의 치료가 필요하거나 사망하여 상중(喪中)인 경우
④ 권한 있는 기관에 장부·서류가 압수되거나 영치된 경우
⑤ 납세자가 사업에 심각한 손해를 입거나 사업이 중대한 위기에 처한 경우(납부의 경우에 한정)
⑥ 정전, 프로그램의 오류, 그 밖의 부득이한 사유로 다음의 어느 하나에 해당하는 정보처리장치나 시스템을 정상적으로 가동시킬 수 없는 경우

㉠ 지방자치단체의 금고가 운영하는 정보처리장치
㉡ 지방자치단체 금고업무의 일부를 대행하는 금융회사 등(지방세수납대행기관)이 운영하는 정보처리장치
㉢ 세입금통합수납처리시스템

⑦ 지방자치단체의 금고 또는 지방세수납대행기관의 휴무, 그 밖에 부득이한 사유로 정상적인 신고 또는 납부가 곤란하다고 행정안전부장관이 인정하는 경우

⑧ ②부터 ⑦까지의 규정에 준하는 사유가 있는 경우

4.3 기한연장기간과 분납기한 등

(1) 기한연장기간과 분납기한

기한연장의 기간은 그 기한연장을 결정한 날(납세자가 신청한 경우에는 기한연장을 승인한 날을 말함)의 다음 날부터 6개월 이내로 한다(지방세기본령 8 ①).

지방자치단체의 장은 기한을 연장한 후에도 해당 기한연장의 사유가 소멸되지 아니하는 경우에는 6개월을 넘지 아니하는 범위에서 한 차례만 그 기한을 연장할 수 있다(지방세기본령 8 ②). 납부기한을 연장하는 경우 연장된 기간 중의 분납기한 및 분납금액은 지방자치단체의 장이 정한다. 이 경우 지방자치단체의 장은 가능한 한 매회 같은 금액을 분납할 수 있도록 정하여야 한다(지방세기본령 8 ③).

(2) 기한연장과 분납한도의 특례 등

다음의 어느 하나에 해당하는 자가 **일정한 사유**[12](이에 준하는 사유를 포함)에 해당하는 경우 기한연장의 기간은 그 **기한연장을 결정한 날**(납세자가 신청한 경우에는 기한연장을 승인한 날을 말함)**의 다음 날부터 1년**

---

12) **일정한 사유**는 다음의 어느 하나에 해당하는 사유를 말한다(지방세기본령 8의 2, 6).
① 천재지변, 사변, 화재
② 납세자가 재해 등을 입거나 도난당한 경우
③ 권한 있는 기관에 장부·서류가 압수되거나 영치된 경우

이내로 한다. 다만, 기한을 연장한 후에도 해당 기한연장의 사유가 소멸되지 아니하는 경우에는 **일정한 기간**[13]의 범위에서 6개월마다 그 기한을 다시 연장할 수 있다(지방세기본법 8의 2 ①).

① 다음의 어느 하나의 지역에 사업장이 소재한 「조세특례제한법」에 따른 중소기업

㉠ 「고용정책 기본법」에 따라 선포된 고용재난지역

㉡ 「고용정책 기본법」에 따라 지정·고시된 지역

㉢ 「국가균형발전 특별법」에 따라 지정된 산업위기대응특별지역

② 「재난 및 안전관리 기본법」에 따라 선포된 특별재난지역(선포일부터 2년으로 한함) 내에서 피해를 입은 납세자

납부기한의 연장은 일정한 사유로 사유로 납부 관련 기한연장을 받고 그 연장된 기간 중에 있는 경우에도 할 수 있다(지방세기본법 8의 2 ②).

납부기한을 연장하는 경우 연장된 기간 중의 분납기한 및 분납금액은 지방자치단체의 장이 정한다(지방세기본법 8의 2 ④).

4.4 기한연장의 신청과 승인

(1) 기한연장의 신청

기한의 연장을 신청하려는 납세자는 **기한 만료일 3일 전까지** 다음 각 사항을 적은 신청서를 해당 지방자치단체의 장에게 제출하여야 한다. 이 경우 지방자치단체의 장은 납세자가 기한 만료일 3일 전까지 기한의 연장을 신청할 수 없다고 인정되는 경우에는 기한만료일까지 신청하게 할 수 있다(지방세기본령 7 ①).

① 기한의 연장을 받으려는 자의 성명(법인인 경우에는 법인명을 말함)과 주소, 거소, 영업소 또는 사무소[전자송달인 경우에는 행정안전부장관이 고시하는 정보통신망에 가입된 명의인의 전자우편주소 또는 지방세정보통신망의 전자사서함(「전자서명법」에 따른 공인인증서를 이

---

13) 단서(납부기한의 연장 중에 연장한 경우를 포함)에 따른 납부기한을 최대로 연장할 수 있는 기간은 2년으로 하되, 다음 각 기간을 포함하여 산정한다(지방세기본법 8의 2 ③).
① 일정한 사유에 따라 연장된 기간
② 기한연장과 분납에 따라 연장된 기간

용하여 접근할 수 있는 곳을 말함)을 말함. **주소 또는 영업소**라 함]와 성명

② 연장을 받으려는 기한

③ 연장을 받으려는 사유

④ 그 밖에 필요한 사항

(2) 기한연장의 승인통지

지방자치단체의 장은 기한의 연장 신청을 받은 경우에는 기한 만료일까지 다음 각 사항을 적은 **문서**로 신청인에게 **통지**하여야 한다. 다만, 납세자가 기한 만료일 3일 전까지 기한의 연장을 신청할 수 없다고 인정되어 기한 만료일까지 기한의 연장 신청을 받은 경우에는 지체 없이 통지하여야 한다(지방세기본령 7 ②).

① 기한연장의 승인 여부

② 연장된 기한(기한의 연장을 승인한 경우만 해당함)

③ 기한연장의 승인 사유(기한의 연장을 승인한 경우만 해당함)

④ 그 밖에 필요한 사항

(3) 기한연장의 직권승인

지방자치단체의 장이 **직권으로 기한의 연장을 결정한 경우**에는 다음 각 사항을 적은 **문서**로 **지체 없이** 납세자에게 **통지**하여야 한다(지방세기본령 7 ③).

① 연장된 기한

② 기한연장의 결정 사유

③ 그 밖에 필요한 사항

(4) 기한연장의 개시통지

지방자치단체의 장은 다음의 어느 하나에 해당하는 경우에는 지방세정보통신망이나 해당 지방자치단체의 정보통신망 또는 게시판에 **게시**하거나 관보 · 공보 또는 일간신문에 **게재**하는 방법으로 **통지**를 갈음할 수 있다. 이 경우 **지방세정보통신망이나 지방자치단체의 정보통신망에 게시하는 방**

법으로 통지를 갈음할 때에는 지방자치단체의 게시판에 게시하거나 관보·공보 또는 일간신문에 게재하는 방법 중 하나의 방법과 함께 하여야 한다(지방세기본령 7 ④).

① 정전, 프로그램의 오류, 그 밖의 부득이한 사유로 정보처리장치나 시스템을 정상적으로 가동시킬 수 없는 경우에 해당하는 사유가 전국적으로 한꺼번에 발생하는 경우

② 기한연장의 통지대상자가 불특정 다수인인 경우

③ 기한연장의 사실을 그 대상자에게 개별적으로 통지할 시간적 여유가 없는 경우

4.5 담보의 제공요구 등

(1) 담보의 제공요구

지방자치단체의 장은 납부기한을 연장하는 경우 납부할 금액에 상당하는 **담보의 제공을 요구**할 수 있다(지방세기본법 26 ② 본문). 관할 지방자치단체의 장이 담보 제공을 요구할 경우 그 담보의 종류 등에 관하여는 납세담보 규정을 준용한다(지방세기본령 8 ①).

(2) 기한연장 시 담보 제공의 예외사유

사망, 질병, 그 밖에 일정한 사유로 담보 제공을 요구하기 곤란하다고 인정될 때에는 그러하지 아니하다(지방세기본법 26 ② 단서, 지방세기본령 9).

① 납세자가 재해 등을 입거나 도난당한 경우

② 납세자 또는 동거가족이 질병이나 중상해로 6개월 이상의 치료가 필요하거나 사망하여 상중(喪中)인 경우

③ 납세자가 사업에 심각한 손해를 입거나 사업이 중대한 위기에 처한 경우(납부의 경우에 한정함)

④ 그 밖에 이에 준하는 사유

5. 납부기한 연장의 취소

지방자치단체의 장은 납부기한을 연장한 경우에 그 납세자가 다음의 어느 하나에 해당되면 그 기한의 연장을 취소하고, 그 지방세를 즉시 징수할 수 있다(지방세기본법 27 ①, 지방세기본령 10).

① 담보의 제공 등 지방자치단체의 장의 요구에 따르지 아니할 때

② 납기전징수 사유에 해당되어 그 연장한 기한까지 연장된 해당 지방세 전액을 징수할 수 없다고 인정될 때

③ 재산상황의 변동 등 일정한 사유[14]로 인하여 납부기한을 연장할 필요가 없다고 인정될 때

지방자치단체의 장은 납부기한의 연장을 취소하였을 때에는 납세자에게 그 사실을 즉시 통지하여야 한다(지방세기본법 27 ②). 납부기한 연장의 취소통지는 다음의 사항을 적은 **문서**로 한다(지방세기본령 10 ②).

① 취소 연월일

② 취소의 이유

---

14) **재산상황의 변동 등 일정한 사유**는 다음의 어느 하나에 해당하는 경우를 말한다(지방세기본령 10 ①).

① 재산상황, 그 밖에 사업의 변화로 인하여 기한을 연장할 필요가 없다고 인정되는 경우

② 기한연장의 사유 중 정전, 프로그램의 오류, 그 밖의 부득이한 사유로 정보처리장치나 시스템을 정상적으로 가동시킬 수 없는 경우에 해당하는 사유로 납부기한이 연장된 경우에 그 해당 사유가 소멸되어 정상적인 납부가 가능한 경우

제5절 서류의 송달

1. 서류의 송달

1.1 서류송달의 의의

서류의 송달은 지방세 관련 서류를 명의인의 주소 또는 영업소에 보내는 절차를 말한다. 지방세 관련 행정처분은 대부분 행정처분의 내용을 기록한 서류가 처분대상자에게 송달되는 것을 그 행정처분의 효력발생요건으로 하고 있으므로, 「지방세기본법」은 서류의 송달방법·절차·효력 등에 대해 자세하게 규정하고 있다.

1.2 서류의 송달장소

(1) 서류를 송달받을 장소

「지방세기본법」 또는 지방세관계법에서 규정하는 서류는 그 **명의인**(서류에 **수신인**으로 지정되어 있는 자를 말함)의 **주소, 거소, 영업소 또는 사무소**(이하 "**주소 또는 영업소**"라 한다)에 송달한다. 다만, **전자송달인 경우**에는 지**방세정보통신망에 가입된 명의인의 전자우편주소나 지방세정보통신망의 전자사서함**[「전자서명법」에 따른 인증서(서명자의 실지명의를 확인할 수 있는 것을 말한다) 또는 행정안전부장관이 고시하는 본인임을 확인할 수 있는 인증수단으로 접근하여 지방세 고지내역 등을 확인할 수 있는 곳을 말한다] 또는 **연계정보통신망의 전자고지함**(연계정보통신망의 이용자가 접속하여 본인의 지방세 고지내역을 확인할 수 있는 곳을 말한다)에 송달한다(지방세기본법 28 ①).

(2) 송달받을 장소를 신고한 경우

서류를 송달받을 자가 주소 또는 영업소 중에서 송달받을 장소를 지방자치단체에 신고하였을 때에는 그 신고된 장소에 송달하여야 한다. 이를 변경하였을 때에도 또한 같다(지방세기본법 29).

서류를 송달받을 장소를 신고(변경신고를 포함)하려는 자는 다음 각 사항을 적은 **문서**를 해당 지방자치단체의 장에게 제출하여야 한다((지방세기본령 11).

① 송달받을 자의 성명과 주소 또는 영업소
② 서류를 송달받을 장소
③ 서류를 송달받을 장소를 정하는 이유
④ 그 밖에 필요한 사항

1.3 예외적인 경우의 송달장소

(1) 연대납세의무자에 대한 서류의 송달

연대납세의무자에게 서류를 송달할 때에는 그 **대표자**를 명의인으로 하며, 대표자가 없으면 **연대납세의무자 중 지방세를 징수하기 유리한 자**를 명의인으로 한다. 다만, **납세의 고지와 독촉에 관한 서류**는 **연대납세의무자 모두**에게 각각 송달하여야 한다(지방세기본법 28 ②).

(2) 상속재산관리인에 대한 서류의 송달

상속이 개시된 경우에 상속재산관리인이 있을 때에는 그 상속재산관리인의 주소 또는 영업소에 송달한다(지방세기본법 28 ③).

(3) 납세관리인에 대한 서류의 송달

납세관리인이 있을 때에는 납세의 고지와 독촉에 관한 서류는 그 납세관리인의 주소 또는 영업소에 송달한다(지방세기본법 28 ④).

2. 서류송달의 방법

2.1 원칙: 교부·우편 또는 전자송달

서류의 송달은 **교부·우편 또는 전자송달**로 하되, 해당 지방자치단체의 **조례**로 정하는 방법에 따른다(지방세기본법 30 ①).

(1) 교부송달

교부의 방법으로 서류를 송달하려는 경우에는 지방자치단체의 조례로 정하는 바에 따라 지방자치단체의 하부 조직을 통하여 송달할 수 있다(지방세기본령 12).

1) 교부송달

교부에 의한 서류송달은 **송달할 장소**에서 그 **송달을 받아야 할 자**에게 서류를 건네줌으로써 이루어진다. 다만, 송달을 받아야 할 자가 **송달받기를 거부하지 아니하면 다른 장소에서 교부**할 수 있다(지방세기본법 30 ②).

서류를 교부하였을 때에는 **송달서**[15]에 수령인의 서명 또는 날인을 받아야 한다. 이 경우 수령인이 서명 또는 날인을 거부하면 그 사실을 송달서에 적어야 한다(지방세기본법 30 ⑤).

2) 송달할 장소에서 서류의 송달을 받아야 할 자를 만나지 못하였을 경우(유치송달)

송달할 장소에서 서류의 송달을 받아야 할 자를 만나지 못하였을 때에는 그의 **사용인, 그 밖의 종업원 또는 동거인으로서 사리를 판별할 수 있는 사람**에게 서류를 송달할 수 있으며, 서류의 송달을 받아야 할 자 또는 그의 사용인, 그 밖의 종업원 또는 동거인으로서 사리를 판별할 수 있는 사람이 정당한 사유 없이 서류의 수령을 거부하면 송달할 장소에 서류를 둘 수 있다(지방세기본법 30 ③).

15) **송달서**는 다음 각 사항을 적은 것이어야 한다(지방세기본령 13).
① 서류의 명칭
② 송달받아야 할 자의 성명 또는 명칭
③ 수령인의 성명
④ 교부 장소
⑤ 교부 연월일
⑥ 서류의 주요 내용

3) 주소 등을 이전하였을 경우

서류를 송달하는 경우에 그 송달을 받아야 할 자가 주소 또는 영업소를 이전하였을 때에는 주민등록표 등으로 확인하고 그 이전한 장소에 송달하여야 한다(지방세기본법 30 ④).

(2) 우편송달

지방자치단체의 장은 일반우편으로 서류를 송달하였을 때에는 다음 각 사항을 확인할 수 있는 기록을 작성하여 비치하여야 한다(지방세기본법 30 ⑥).

① 서류의 명칭
② 송달을 받아야 할 자의 성명 또는 명칭
③ 송달장소
④ 발송연월일
⑤ 서류의 주요 내용

(3) 전자송달

1) 전자송달의 신청 및 철회

전자송달은 서류의 송달을 받아야 할 자가 신청하는 경우에만 한다(지방세기본법 30 ⑦). 전자송달을 신청하거나 전자송달의 신청을 철회하려는 자는 다음 각 사항을 적은 신청서를 지방자치단체의 장에게 제출하여야 한다(지방세기본령 14 ①).

① 납세자의 성명·주민등록번호 등 인적사항
② 납세자의 주소 또는 영업소
③ 납세자의 전화번호 또는 휴대전화번호 등 연락처
④ 전자송달을 받을 전자우편주소
⑤ 전자송달 철회의 사유(전자송달의 신청을 철회하는 경우만 해당함)
⑥ 그 밖에 시행규칙으로 정하는 사항

지방자치단체의 장은 **신청서를 접수한 날이 속하는 달의 다음 달부터** 전자송달을 하여야 하며, **전자송달의 신청을 철회하는 경우**에는 신청서를 접수한 날이 속하는 달의 다음 달부터 전자송달을 할 수 없다(지방세기본령 14 ②).

전자송달을 신청한 자가 **기존의 전자송달을 철회하지 아니하고 종전과 다른 전자우편주소를 적어 전자송달을 새로 신청한 경우**에는 그 신청서를 접수한 날이 속하는 달의 다음 달 1일에 전자송달을 받을 전자우편주소를 변경한 것으로 본다(지방세기본령 14 ③).

전자송달을 받을 자가 다음의 어느 하나에 해당하는 경우에는 그 사유가 발생한 날이 속하는 달의 다음 달 1일에 전자송달을 **철회**한 것으로 본다(지방세기본령 14 ④).

① 신청서에 기재된 전자우편주소가 행정안전부장관이 고시하는 기준에 맞지 아니하여 더 이상 전자송달을 할 수 없는 것으로 확인된 경우

② 전자송달을 받을 자가 전자송달된 서류를 5회 연속하여 법 제32조에 따른 송달의 효력이 발생한 때부터 60일 동안 확인 또는 열람하지 아니한 경우

2) 전자송달서류의 범위

전자송달할 수 있는 서류는 납세고지서 또는 납부통지서, 지방세환급금 지급통지서, 이의신청 또는 심사청구에 따른 결정서, 신고안내문, 그 밖에 행정안전부장관이 정하여 고시한다. 다만, 「정보통신망 이용촉진 및 정보보호 등에 관한 법률」에 따른 정보통신망으로서 법에 따른 송달을 위하여 지방세정보통신망과 연계된 정보통신망으로 송달할 수 있는 서류는 납세고지서로 한다(지방세기본령 15).

3) 전자송달을 할 수 없는 경우의 교부 또는 우편 송달

다음의 어느 하나에 해당하는 사유가 있는 경우에는 지방자치단체의 조례로 정하는 교부 또는 우편의 방법으로 송달할 수 있다(지방세기본법 30 ⑧, 지방세기본령 16).

① 지방세정보통신망 또는 연계정보통신망의 장애로 인하여 전자송달을 할 수 없는 경우

② 전화(戰禍), 사변(事變) 등으로 납세자가 전자송달을 받을 수 없는 경우

③ 정보통신망의 장애 등으로 지방자치단체의 장이 전자송달이 불가능

하다고 인정하는 경우

2.2 예외: 공시송달

(1) 공시송달과 사유

서류의 송달을 받아야 할 자가 다음의 어느 하나에 해당하는 경우에는 **서류의 주요 내요을 공고한 날부터 14일이 지나면** 서류의 송달이 된 것으로 본다(지방세기본법 33 ①, 지방세기본령 18).

① 주소 또는 영업소가 국외에 있고 송달하기 곤란한 경우

② 주소 또는 영업소가 분명하지 아니한 경우[16]

③ 지방자치단체의 조례로 정하는 방법으로 송달하였으나 받을 사람(송달을 받아야 할 자의 사용인, 그 밖의 종업원 또는 동거인으로서 사리를 판별할 수 있는 사람을 포함)이 없는 것으로 확인되어 반송되는 경우

④ 서류를 우편으로 송달하였으나 받을 사람(송달을 받아야 할 자의 사용인, 그 밖의 종업원 또는 동거인으로서 사리를 판별할 수 있는 사람을 포함)이 없는 것으로 확인되어 반송됨으로써 납부기한 내에 송달하기 곤란하다고 인정되는 경우

⑤ 세무공무원이 2회 이상 납세자를 방문하여 서류를 교부하려고 하였으나 받을 사람(송달을 받아야 할 자의 사용인, 그 밖의 종업원 또는 동거인으로서 사리를 판별할 수 있는 사람을 포함)이 없는 것으로 확인되어 납부기한 내에 송달하기 곤란하다고 인정되는 경우

(2) 공시송달의 방법

공고는 지방세정보통신망, 지방자치단체의 정보통신망이나 시·군의 게시판에 게시하거나 관보·공보 또는 일간신문에 게재하는 방법으로 한다. 이 경우 지방세정보통신망이나 지방자치단체의 정보통신망을 이용하여 공시송달을 할 때에는 다른 공시송달방법과 함께 활용하여야 한다(지방세기본

16) **주소불분명의 확인: 주소 또는 영업소가 분명하지 아니한 경우**는 주민등록표나 법인 등기사항증명서 등으로도 주소 또는 영업소를 확인할 수 없는 경우로 한다(지방세기본령 17).

법 33 ②).

(3) 공시송달의 경우 납부기한의 연장

납세고지서, 납부통지서, 독촉장 또는 납부최고서를 공시송달한 경우 납부기한은 송달지연으로 인한 납부기한의 연장 규정을 준용한다(지방세기본법 33 ③).

3. 송달지연으로 인한 납부기한의 연장

(1) 일반적인 경우

기한을 정하여 납세고지서, 납부통지서, 독촉장 또는 납부최고서를 송달하였더라도 다음의 어느 하나에 해당하면 지방자치단체의 징수금의 납부기한은 해**당 서류가 도달한 날부터 14일이 지난 날**로 한다. 다만, 납기전 징수에 따른 고지의 경우 고지서가 도달한 날에 이미 납부기한이 지났으면 도달한 날을 납부기한으로 하고, 납부기한이 고지서가 도달한 후이면 원래 납부기한대로 한다(지방세기본법 31).

(2) 납기전 징수를 위한 고지의 경우

「지방세징수법」에 따른 납기전징수를 위한 고지의 경우에는 다음 각 구분에 따른 날을 납부기한으로 한다(지방세기본법 31 ②).

① 고지서가 납부기한이 지난 후에 도달한 경우: 고지서가 도달한 날

② 고지서가 납부기한 전에 도달한 경우: 납부기한이 되는 날

4. 송달의 효력 발생: 도달주의

송달하는 서류는 그 송달을 받아야 할 자에게 **도달한 때부터** 효력이 발생한다. 다만, 전자송달의 경우에는 송달받을 자가 지정한 전자우편주소, 지방세정보통신망의 전자사서함 또는 연계정보통신망의 전자고지함에 저장된 때에 그 송달을 받아야 할 자에게 도달된 것으로 본다(지방세기본법 32).

제3장 납세의무

제1절 납세의무의 성립 및 소멸

1. 납세의무 성립·확정 및 소멸의 의의

조세법률관계는 과세권자와 납세의무자간의 조세관련 법률관계를 말하며, 조세채권과 조세채무(납세의무)로 구성된다. 그러나 조세채권 측면보다 조세채무 측면에서 많이 다루고 있으며, 「지방세기본법」에서도 납세의무로 규정하여 조세채무 측면에서 다루고 있다.

1.1 납세의무의 성립·확정 및 소멸

납세의무는 ① 성립, ② 확정 및 ③ 소멸의 과정을 거친다.

납세의무의 성립 (추상적인 납세의무의 성립)	납세의무의 확정 (구체적인 납세의무의 성립)	납세의무의 소멸
• 과세기간의 종료시점 • 과세사실의 발생시점	• 신고납세제도 • 부과과세제도	• 조세채권의 실현 : 납부·충당 • 조세채권의 미실현 : 부과의 취소·제척기간의 만료·소멸시효의 완성
과세요건의 충족시 추상적인 납세의무가 객관적으로 발생함	납세의무자 또는 과세관청의 일정한 행위 또는 절차로 납세의무의 존재와 내용을 사후적으로 확인함	성립·확정된 납세의무가 없어짐(소멸)

납세의무는 과세관청이나 납세의무자의 특별한 행위 없이 각 세법이 규정하고 있는 과세요건을 충족하는 때에 자동적으로 성립(발생)한다. 납세

의무가 성립된다는 것은 국가의 조세채권과 납세자의 납세의무(조세채무)가 동시에 성립된다는 것을 의미한다. 그러나 납세의무의 성립만으로는 조세의 납부나 징수가 불가능하므로 이렇게 성립된 납세의무를 추상적인 납세의무라 한다.

추상적으로 성립된 납세의무는 그 내용이 구체적으로 확정되지 아니하였으므로 이를 이행(납부)하거나 집행(징수)할 수 없다. 따라서 추상적으로 성립한 납세의무가 구체적으로 실현되려면 과세관청이나 납세의무자가 조세채권·납세의무의 내용을 구체적으로 확정하여야 한다(이를 구체적인 납세의무라 함). 구체적으로 확정된 납세의무는 납세의무자의 납부 등을 통하여 소멸한다.

1.2 조세채권의 확보

지방세는 지방자치단체의 존립과 활동을 위한 재원이므로 조세채권이 성립·확정되었다 하더라도 이를 효과적으로 징수하지 못한다면 국가 등의 운영이 어렵게 되므로, 「지방세기본법」에서는 조세채권을 확보하기 위한 여러 가지 규정을 두고 있다.

납세의무의 성립 (추상적인 납세의무의 성립)	납세의무의 확정 (구체적인 납세의무의 성립)	납세의무의 소멸
• 과세요건의 성립 ① 납세의무자 ② 과세대상 ③ 과세표준 ④ 세율 • 과세시기 성립 ⑤ 과세기간의 도래	① 신고납세 ② 부과과세	• 추상적 납세의무의 소멸 ① 납부 ② 지방세부과권 제척기간의 만료 • 구체적 납세의무의 소멸 ① 행정처분 : 부과취소, 충당 ② 지방세징수권 소멸시효의 완성
조세채권의 확보		
•납세의무의 확장 : ① 납세의무의 승계, ② 연대납세의무 •보충적 납세의무 : ① 제2차 납세의무자, ② 물적납세의무자, ③ 납세보증인 •납세담보 •지방세우선권		

2. 과세요건

과세요건은 납세의무의 성립에 필요한 법률상의 요건을 말한다. 일반적으로 과세요건은 ① 납세의무자, ② 과세대상, ③ 과세표준, ④ 세율로 구성된다.

납세의무자는 과세권자에 대해 조세채무를 부담하는 자를 말한다.

과세대상(과세물건, 과세객체)은 세법이 과세대상으로 정하고 있는 대상을 말하며, 세법에서는 소득·재산·소비 등을 과세대상으로 규정 있다.

과세표준은 세법에 의하여 직접적으로 세액 산출의 기초가 되는 과세물건의 수량 또는 가액을 말한다. 과세표준에 세율을 곱하면 (산출)세액이 계산된다. 과세표준이 화폐단위로 측정하여 금액으로 표시되는 세금을 종가세(從價稅)라 하고, 기타 단위로 측정하여 수량으로 표시되는 세금을 종량세(從量稅)라 한다. 종량세에는 주민세(균등분의 경우 세대) 등이 있으며, 그 외의 세금은 대부분 종가세이다.

과세표준 × 세율 = 세액

세율은 과세표준에 대한 세액의 비율을 말한다. 종량세의 경우에는 세율이 '단위에 대한 금액'으로 표시되고, 종가세의 경우에는 세율이 '백분율', '천분율' 등으로 표시된다.

3. 납세의무의 성립시기

3.1 일반적인 납세의무의 성립시기

지방세를 납부할 의무는 다음 각 시기에 성립한다(지방세기본법 34 ①).

① 취득세: 취득세 과세물건을 취득하는 때
② 등록면허세
  ㉠ 등록에 대한 등록면허세: 재산권과 그 밖의 권리를 등기하거나 등록하는 때
  ㉡ 면허에 대한 등록면허세: 각종의 면허를 받는 때와 납기가 있는 달의 1일
③ 레저세: 승자투표권, 승마투표권 등을 발매하는 때
④ 담배소비세: 담배를 제조장 또는 보세구역으로부터 반출하거나 국내로 반입하는 때
⑤ 지방소비세: 「국세기본법」에 따른 부가가치세의 납세의무가 성립하는 때
⑥ 주민세
  ㉠ 균등분 및 재산분: 과세기준일
  ㉡ 종업원분: 종업원에게 급여를 지급하는 때
⑦ 지방소득세: 과세표준이 되는 소득에 대하여 소득세·법인세의 납세의무가 성립하는 때
⑧ 재산세: 과세기준일
⑨ 자동차세
  ㉠ 자동차 소유에 대한 자동차세: 납기가 있는 달의 1일
  ㉡ 자동차 주행에 대한 자동차세: 과세표준이 되는 교통·에너지·환경세의 납세의무가 성립하는 때
⑩ 지역자원시설세
  ㉠ 발전용수: 발전용수를 수력발전(양수발전은 제외)에 사용하는 때
  ㉡ 지하수: 지하수를 채수하는 때
  ㉢ 지하자원: 지하자원을 채광하는 때
  ㉣ 컨테이너: 컨테이너를 취급하는 부두를 이용하기 위하여 컨테이너를 입항·출항하는 때
  ㉤ 원자력발전: 원자력발전소에서 발전하는 때
  ㉥ 화력발전: 화력발전소에서 발전하는 때
  ㉦ 특정 부동산: 과세기준일

⑪ 지방교육세: 과세표준이 되는 세목의 납세의무가 성립하는 때
⑫ 가산세: 가산세를 가산할 지방세의 납세의무가 성립하는 때

3.2 특수한 경우의 납세의무의 성립시기

다음 각 지방세를 납부할 의무는 해당하는 각각에서 정한 시기에 성립한다(지방세기본법 34 ②).

① 특별징수하는 지방소득세: 과세표준이 되는 소득에 대하여 소득세·법인세를 원천징수하는 때
② 수시로 부과하여 징수하는 지방세: 수시부과할 사유가 발생하는 때
③ 「법인세법」에 따라 처분되는 상여에 대한 주민세 종업원분
  ㉠ 법인세 과세표준을 결정하거나 경정하는 경우: 「소득세법」에 따른 소득금액변동통지서를 받은 날
  ㉡ 법인세 과세표준을 신고하는 경우: 신고일 또는 수정신고일

4. 납세의무의 확정

4.1 일반적인 납세의무의 확정시기

지방세는 다음 각 구분에 따른 시기에 그 세액이 확정된다(지방세기본법 35 ①).

① 납세의무자가 과세표준과 세액을 지방자치단체에 신고납부하는 지방세: 신고하는 때
② ①의 지방세의 과세표준과 세액을 지방자치단체가 결정하는 경우: 결정하는 때
③ ① 외의 지방세: 해당 지방세의 과세표준과 세액을 해당 지방자치단체가 결정하는 때

4.2 특수한 경우의 납세의무의 확정시기

특별징수하는 지방소득세는 납세의무가 성립하는 때에 특별한 절차 없이 세액이 확정된다(지방세기본법 35 ②).

5. 경정 등의 효력

지방세관계법에 따라 **당초 확정된 세액을 증가시키는 경정**은 당초 확정된 세액에 관한 「지방세기본법」 또는 지방세관계법에서 규정하는 권리·의무 관계에 영향을 미치지 아니한다(지방세기본법 36 ①).

지방세관계법에 따라 **당초 확정된 세액을 감소시키는 경정**은 경정으로 감소하는 세액 외의 세액에 관한 「지방세기본법」 또는 지방세관계법에서 규정하는 권리·의무 관계에 영향을 미치지 아니한다(지방세기본법 36 ②).

6. 납부의무의 소멸

6.1 납부의무의 소멸

지방자치단체의 징수금을 납부할 의무는 다음의 어느 하나에 해당하는 때에 소멸한다(지방세기본법 37).

① 납부·충당 또는 부과가 취소되었을 때
② 지방세부과권 제척기간의 만료: 지방세를 부과할 수 있는 기간 내에 지방세가 부과되지 아니하고 그 기간이 만료되었을 때
③ 지방세징수권 소멸시효의 완성: 지방자치단체의 지방세징수금의 징수권 소멸시효가 완성되었을 때

6.2 부과의 제척기간

(1) 부과권의 제척기간

1) 일반적인 제척기간

지방세는 **부과할 수 있는 날**부터 다음 각 구분에서 정하는 기간(**부과의 제척기간**)이 만료되는 날까지 부과하지 아니한 경우에는 부과할 수 없다. 다만, 조세의 이중과세를 방지하기 위하여 체결한 조약(**조세조약**)에 따라 **상호합의절차**가 진행 중인 경우에는「국제조세조정에 관한 법률」에서 정하는 바에 따른다[1](지방세기본법 38 ①).

① 납세자가 **사기나 그 밖의 부정한 행위**로 지방세를 포탈하거나 환급 ·공제 또는 경감받은 경우: 10년

② 납세자가 법정신고기한까지 과세표준신고서를 제출하지 아니한 경우: 7년

③ 그 밖의 경우: 5년. . 다음 각 구분에 따른 취득으로서 법정신고기한까지 과세표준 신고서를 제출하지 아니한 경우에는 **10년**으로 한다.

㉠ 상속 또는 증여를 원인으로 취득하는 경우

㉡ 「부동산 실권리자명의 등기에 관한 법률」에 따른 명의신탁약정으로 실권리자가 사실상 취득하는 경우

㉢ 타인의 명의로 법인의 주식 또는 지분을 취득하였지만 해당 주식 또는 지분의 실권리자인 자가 과점주주가 되어 해당 법인의 부동산등을 취득한 것으로 보는 경우

2) 제척기간 연장의 특례

다음 각 경우에는 ①에 따른 결정 또는 판결이 확정되거나 ②에 따른 상호합의가 종결된 날부터 1년, ③에 따른 경정청구일 또는 ④에 따른 지방소득세 관련 자료의 통보일부터 2개월이 지나기 전까지는 해당 결정·판결, 상호합의, 경정청구 또는 지방소득세 관련 자료의 통보에 따라 경정결정이나 그 밖에 필요한 처분을 할 수 있다(지방세기본법 38 ②).

① 이의신청·심사청구·심판청구, 「감사원법」에 따른 심사청구 또는 「행정소송법」에 따른 소송(행정소송)에 대한 결정 또는 판결이 있는 경우[2)]

② 조세조약에 부합하지 아니하는 과세의 원인이 되는 조치가 있는 경우에그 조치가 있음을 안 날부터 3년 이내(조세조약에서 따로 규정하는 경우에는 그에 따름)에 그 조세조약에 따른 상호합의가 신청된

1) **부과제척기간의 특례**(국제법 25 ②): 체약상대국과 상호합의절차가 시작된 경우에 상호합의절차의 종료일의 다음 날부터 1년의 기간과 「지방세기본법」에 규정하는 기간 중 나중에 도래하는 기간의 만료일 후에는 지방세를 부과할 수 없다.

2) ①의 결정 또는 판결에서 명의대여 사실이 확인된 경우에는 그 결정 또는 판결이 확정된 날부터 1년 이내에 명의대여자에 대한 부과처분을 취소하고 실제로 사업을 경영한 자에게 경정결정이나 그 밖에 필요한 처분을 할 수 있다(지방세기본법 38 ③).

것으로서 그에 대하여 상호합의가 이루어진 경우

③ 후발적 사유에 따른 경정청구 등이 있는 경우

④ 세무서장 또는 지방국세청장이 지방소득세 관련 소득세 또는 법인세 과세표준과 세액의 결정 · 경정 등에 관한 자료를 통보한 경우

3) 사기나 그 밖의 부정한 행위

사기나 그 밖의 부정한 행위는 다음의 어느 하나에 해당하는 행위로서 **지방세의 부과와 징수를 불가능하게 하거나 현저히 곤란하게 하는 적극적 행위**를 말한다(지방세기본법 38 ⑤).

① 이중장부의 작성 등 장부에 거짓으로 기록하는 행위

② 거짓 증빙 또는 거짓으로 문서를 작성하거나 받는 행위

③ 장부 또는 기록의 파기

④ 재산의 은닉, 소득・수익・행위・거래의 조작 또는 은폐

⑤ 고의적으로 장부를 작성하지 아니하거나 갖추어 두지 아니하는 행위

⑥ 그 밖에 위계(僞計)에 의한 행위

(2) 제척기간의 기산일

1) 원칙

지방세를 부과할 수 있는 날은 다음 각 구분에 따른다(지방세기본령 19 ①).

① 「지방세기본법」 또는 지방세관계법에서 신고납부하도록 규정된 지방세의 경우: 해당 지방세에 대한 신고기한의 다음 날. 이 경우 예정신고기한, 중간예납기한 및 수정신고기한은 신고기한에 포함되지 아니한다.

② ①에 따른 지방세 외의 지방세의 경우: 해당 지방세의 납세의무 성립일

2) 예외

다음 각 경우에는 해당 각 구분에서 정한 날을 지방세를 부과할 수 있

는 날로 한다(지방세기본령 19 ②).

① 특별징수의무자 또는 「소득세법」에 따른 납세조합에 대하여 부과하는 지방세의 경우: 해당 특별징수세액 또는 납세조합징수세액의 납부기한의 다음 날

② 신고납부기한 또는 ①에 따른 법정 납부기한이 연장되는 경우: 그 연장된 기한의 다음 날

③ 비과세 또는 감면받은 세액 등에 대한 추징사유가 발생하여 추징하는 경우: 다음 각 구분에서 정한 날

㉠ 「지방세기본법」 또는 지방세관계법에서 비과세 또는 감면받은 세액을 신고납부하도록 규정된 경우에는 그 신고기한의 다음 날

㉡ ㉠ 외의 경우에는 비과세 또는 감면받은 세액을 부과할 수 있는 사유가 발생한 날

6.3 지방세징수권의 소멸시효

(1) 지방세징수권의 소멸시효

지방자치단체의 징수금의 징수를 목적으로 하는 지방자치단체의 권리(**지방세징수권**)는 **그 권리를 행사할 수 있는 때부터 5년간** 행사하지 아니하면 시효로 인하여 소멸한다(지방세기본법 39 ① 전단).

지방세징수권의 시효에 관하여는 「지방세기본법」 또는 지방세관계법에 규정되어 있는 것을 제외하고는 「민법」을 따른다(지방세기본법 39 ②).

(2) 소멸시효의 기산일

그 권리를 행사할 수 있는 때는 납세고지에 의한 납부기한(납부기한이 연장된 경우에는 그 연장된 기한을 말함)의 다음 날로 한다. 다만, 특별징수의무자 또는 납세조합으로부터 징수하는 지방세의 경우에는 해당 특별징수세액 또는 납세조합징수세액의 납부기한(납부기한이 연장된 경우에는 그 연장된 기한을 말함)의 다음 날을 말한다(지방세기본법 39 ① 후단, 지방세기본령 20).

(3) 시효의 중단과 정지

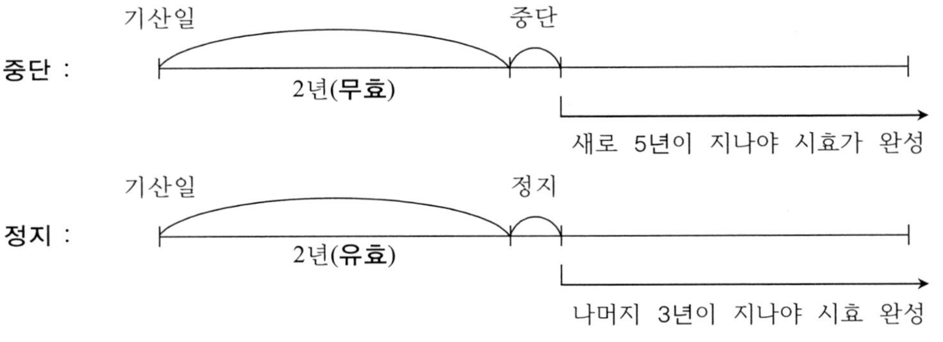

1) 시효의 중단

지방세징수권의 시효는 다음 각 사유로 중단되며(지방세기본법 40 ①), 중단된 시효는 다음 각 기간이 지난 때부터 새로 진행한다(지방세기본법 40 ②).

시효이 중단 사유	시효의 진행
① 납세고지	① 고지한 납부기간
② 독촉 또는 납부최고	② 독촉 또는 납부최고에 따른 납부기간
③ 교부청구	③ 교부청구 중의 기간
④ 압류	④ 압류해제까지의 기간

2) 시효의 정지

지방세징수권의 소멸시효는 다음의 어느 하나에 해당하는 기간에는 진행되지 아니한다(지방세기본법 40 ③).

① 분할납부기간

② 연부기간(年賦期間)

③ 징수유예기간

④ 체납처분유예기간

⑤ 지방자치단체의 장이 사해행위(詐害行爲) 취소의 소송을 제기하여 그 소송이 진행 중인 기간

⑥ 지방자치단체의 장이 「민법」에 따른 채권자대위 소송을 제기하여 그 소송이 진행 중인 기간

⑦ 체납자가 국외에 6개월 이상 계속하여 체류하는 경우 해당 국외 체류기간

⑤ 또는 ⑥에 따른 사해행위취소의 소송 또는 채권자대위소송의 제기로 인한 시효정지는 소송이 각하·기각 또는 취하된 경우에는 효력이 없다(지방세기본법 40 ④).

제2절 납세의무의 확장 및 보충적 납세의무

1. 납세의무의 확장 및 보충적 납세의무

납세의무의 확장은 일정한 사유가 있는 경우에 본래의 납세의무자 이외의 자에게 납세의무를 부담시키는 제도이다. 「지방세기본법」은 조세채권의 확보 측면에서 일정한 경우에 본래의 납세의무자 이외의 자에게 납세의무를 승계(**납세의무의 승계**)시키거나, 하나의 납세의무에 대해 2인 이상이 연대하여 납세의무를 지게 하여(**연대납세의무**) 납세의무를 확장하는 제도를 규정하고 있다.

보충적 납세의무는 본래의 납세의무자의 재산으로 조세채권을 회수할 수 없는 경우에, 조세채권의 확보 측면에서 본래의 납세의무자와 일정한 관계에 있는 자에게 그 부족액에 대하여 보충적으로 납부책임을 부여하는 것을 말한다.

보충적 납세의무는 법정 요건이 충족되면 보충적 납세의무를 지는 자의 의사에 관계 없이 법률에 의하여 강제적으로 납세의무를 부담시키는 제도로, 넓은 의미의 납세의무의 확장제도에 해당한다 할 수 있다.

구 분	내 용	성립요건
제2차 납세의무	청산인 등의 제2차 납세의무 출자자의 제2차 납세의무 법인의 제2차 납세의무 사업양수인의 제2차 납세의무	인적 요소
물적 납세의무	양도담보권자의 물적 납세의무	물적 요소

2. 납세의무의 승계

2.1 법인의 합병으로 인한 납세의무의 승계

법인이 합병한 경우에 합병 후 존속하는 법인 또는 합병으로 설립된 법인은 합병으로 인하여 소멸된 법인에 부과되거나 그 법인이 납부할 지방자치단체의 징수금을 납부할 의무를 진다(지방세기본법 41).

2.2 상속으로 인한 납세의무의 승계

(1) 상속인의 납세의무 승계

상속이 개시된 경우에 그 상속인(수유자를 포함) 또는 「민법」에 따른 상속재산관리인은 피상속인에게 부과되거나 그 피상속인이 납부할 지방자치단체의 징수금(피상속인의 지방자치단체의 징수금)을 상속으로 인하여 얻은 재산의 한도 내에서 납부할 의무를 진다(지방세기본법 42 ①).

(2) 상속인이 2명 이상인 경우 상속인의 납세의무 승계

상속인이 2명 이상일 때에는 각 상속인은 피상속인에 대한 지방자치단체의 징수금을 「민법」에 따른 그 상속분에 따라 나누어 계산한 금액을 상속으로 얻은 재산의 한도 내에서 연대하여 납부할 의무를 진다. 이 경우 각 상속인은 상속인 중에서 피상속인에 대한 지방자치단체의 징수금을 납부할 대표자를 정하여 지방자치단체의 장에게 신고하여야 한다(지방세기본법 42 ②).[3)]

(3) 상속재산의 가액

상속으로 얻은 재산은 다음 계산식에 따른 가액으로 한다(지방세기본령 21 ①).

상속으로 얻은 재산 = 상속으로 얻은 자산총액 − (상속으로 얻은 부채총액 + 상속으로 부과되거나 납부할 상속세)

자산총액과 부채총액의 가액은 「상속세 및 증여세법」의 보충적 평가방

---

3) **상속인대표자의 신고 등**: 상속인대표자의 신고는 상속개시일부터 30일 이내에 대표자의 성명과 주소 또는 영업소, 그 밖에 필요한 사항을 적은 문서로 하여야 한다(지방세기본령 22 ①). 지방자치단체의 장은 상속인대표자의 신고가 없을 때에는 상속인 중 1인을 대표자로 지정할 수 있다. 이 경우 지방자치단체의 장은 그 뜻을 적은 문서로 지체 없이 모든 상속인에게 각각 통지하여야 한다(지방세기본령 22 ②).

법(상속법 60-66조) 규정을 준용하여 평가한다(지방세기본령 21 ②).

2.3 상속재산의 관리인

상속인이 있는지 분명하지 아니할 때에는 상속인에게 하여야 할 납세의 고지, 독촉, 그 밖에 필요한 사항은 상속재산관리인에게 하여야 한다(지방세기본법 43 ①). 상속으로 인한 납세의무의 승계의 경우에 피상속인에게 한 처분 또는 절차는 상속인이나 상속재산관리인에게도 효력이 미친다(지방세기본법 43 ③).

상속인이 있는지가 분명하지 아니하고 상속재산관리인도 없을 때에는 지방자치단체의 장은 상속개시지를 관할하는 법원에 상속재산관리인의 선임을 청구할 수 있다(지방세기본법 43 ②).

3. 연대납세의무

3.1 연대납세의무

공유물(공동주택의 공유물은 제외), 공동사업 또는 그 공동사업에 속하는 재산에 관계되는 지방자치단체의 징수금은 공유자 또는 공동사업자가 연대하여 납부할 의무를 진다(지방세기본법 44 ①).

3.2 법인이 분할(합병)되는 경우의 연대납세의무

법인이 분할되거나 분할합병되는 경우 분할되는 법인에 대하여 분할일 또는 분할합병일 이전에 부과되거나 납세의무가 성립된 지방자치단체의 징수금은 다음 각 법인이 연대하여 납부할 의무를 진다(지방세기본법 44 ②).

① 분할되는 법인

② 분할 또는 분할합병으로 설립되는 법인

③ 분할되는 법인의 일부가 다른 법인과 합병하여 그 다른 법인이 존속하는 경우 그 다른 법인(존속하는 분할합병의 상대방 법인)

3.3 법인이 분할(합병)으로 인하여 해산되는 경우의 연대납세의무

법인이 분할 또는 분할합병으로 인하여 해산되는 경우 해산되는 법인에 부과되거나 그 법인이 납부할 지방자치단체의 징수금은 다음 각 법인이 연대하여 납부할 의무를 진다(지방세기본법 44 ③).

① 분할 또는 분할합병으로 설립되는 법인

② 존속하는 분할합병의 상대방 법인

3.4 파산에 따라 신회사를 설립하는 경우의 연대납세의무

법인이 「채무자 회생 및 파산에 관한 법률」에 따라 신회사를 설립하는 경우 기존의 법인에 부과되거나 납세의무가 성립한 지방자치단체의 징수금은 신회사가 연대하여 납부할 의무를 진다(지방세기본법 44 ④).

3.5 연대납세의무에 관한 민법의 준용

연대납세의무에 관하여는 「민법」의 연대의무에 관한 규정을 준용한다(지방세기본법 44 ⑤).

4. 제2차 납세의무

4.1 제2차 납세의무의 유형

제2차 납세의무의 유형은 ① 청산인 등의 제2차 납세의무, ② 출자자의 제2차 납세의무, ③ 법인의 제2차 납세의무, ④ 사업양수인의 제2차 납세의무 등이 있으며, 양도담보권자의 물적 납세의무도 유사한 성격을 갖는다.

구 분	청산인 등	출자자	법 인	사업양수인
주된 (본래의) 납세 의무자	해산된 법인	비상장법인	납부기간 만료일 현재 출자자(① 무한책임사원 ②과점주주)	사업양도인
제2차 납세 의무자	① 청산인, ② 잔여재산의 분배 또는 인수자	납세의무 성립일 현재 ① 무한책임사원 ② 일정한 과점주주	모든 법인(상장 여부와 상관없음)	사업양수인
요건	① 법인해산 ② 국세를 납부하지 않고 잔여재산을 분배·인도 ③ 법인 재산으로 징수부족	① 비상장법인 ② 납세의무 성립일 현재 무한책임사원 또는 과점주주 ③ 법인 재산으로 징수부족	① 납부기간 만료일 현재 무한책임사원 또는 과점주주 ② 주된 납세의무자의 소유주식·출자지분의 매각불능 또는 제한 ③ 출자자 재산으로 징수부족	① 사업장별 사업의 포괄적 양수도 ② 양수한 해당 사업에 관한 국세[*1]로서 사업 양수도 당시 확정된 국세 ③ 양도인 재산으로 징수부족
제2차 납세 의무의 한도	징수부족한 금액 범위 내에서 ① 청산인 : 분배 또는 인도한 재산가액 ② 분배받은 자 : 분배받은 재산가액 ③ 인도받은 자 : 인도받은 재산가액(인적 유한책임)	① 무한책임사원 : 전액(인적 무한책임) ② 과점주주 : 징수부족액×지분비율	징수부족한 금액의 범위 내에서 소유주식지분 또는 출자지분 한도[(자산－부채)×지분율]	징수부족한 금액의 범위 내에서 양수한 재산의 가액 (인적 유한책임)

4.2 청산인 등의 제2차 납세의무

법인이 해산한 경우에 그 법인에 부과되거나 그 법인이 납부할 지방자치단체의 징수금을 납부하지 아니하고 남은 재산을 분배하거나 인도하여, 그 법인에 대하여 체납처분을 집행하여도 징수할 금액보다 적은 경우에는 청산인과 남은 재산을 분배받거나 인도받은 자는 그 부족한 금액에 대하여 제2차 납세의무를 진다(지방세기본법 45 ①).

제2차 납세의무는 청산인에게는 분배하거나 인도한 재산의 가액을, 남은 재산을 분배받거나 인도받은 자에게는 각자가 분배·인도받은 재산의 가

액을 한도로 한다(지방세기본법 45 ②).[4)]

4.3 출자자의 제2차 납세의무

법인(주식을 「자본시장과 금융투자업에 관한 법률」에 따른 유가증권시장에 상장한 법인은 제외)의 재산으로 그 법인에 부과되거나 그 법인이 납부할 지방자치단체의 징수금에 충당하여도 부족한 경우에는 그 지방자치단체의 징수금의 과세기준일 또는 납세의무성립일(이에 관한 규정이 없는 세목의 경우에는 납기개시일) 현재 다음의 어느 하나에 해당하는 자는 그 부족액에 대하여 제2차 납세의무를 진다. 다만, ②에 따른 과점주주의 경우에는 그 부족액을 그 법인의 발행주식총수(의결권이 없는 주식은 제외) 또는 출자총액으로 나눈 금액에 해당 과점주주가 실질적으로 권리를 행사하는 소유주식수(의결권이 없는 주식은 제외) 또는 출자액을 곱하여 산출한 금액을 한도로 한다(지방세기본법 46).

① 무한책임사원

② 과점주주(주주 또는 유한책임사원 1명과 그의 특수관계인으로서 그들의 소유주식의 합계 또는 출자액의 합계가 해당 법인의 발행주식총수 또는 출자총액의 50%를 초과하면서 그에 관한 권리를 실질적으로 행사하는 자들을 말함)

4.4 법인의 제2차 납세의무

지방세(둘 이상의 지방세의 경우에는 납부기한이 뒤에 도래하는 지방세를 말함)의 납부기간 종료일 현재 법인의 무한책임사원 또는 과점주주(출자자)의 재산(그 법인의 발행주식 또는 출자지분은 제외)으로 그 출자자가 납부할 지방자치단체의 징수금에 충당하여도 부족한 경우에는 그 법인은 다음의 어느 하나에 해당하는 경우에만 그 출자자의 소유주식 또는 출자지분의 가액 한도 내에서 그 부족액에 대하여 제2차 납세의무를 진다(지방세기본법 47 ①).

---

4) **청산인 등의 제2차 납세의무 한도**: 재산의 가액은 해당 잔여재산을 분배하거나 인도한 날 현재의 시가로 한다(지방세기본령 23).

① 지방자치단체의 장이 출자자의 소유주식 또는 출자지분을 재공매하거나 수의계약으로 매각하려 하여도 매수희망자가 없을 때
② 법률 또는 법인의 정관에서 출자자의 소유주식 또는 출자지분의 양도를 제한하고 있을 때

법인의 제2차 납세의무는 그 법인의 자산총액에서 부채총액을 뺀 가액을 그 법인의 발행주식총액 또는 출자총액으로 나눈 가액에 그 출자자의 소유주식금액 또는 출자액을 곱하여 산출한 금액을 한도로 한다(지방세기본법 47 ②).[5)]

4.5 사업양수인의 제2차 납세의무

(1) 사업양수인의 제2차 납세의무

사업의 양도·양수가 있는 경우 그 사업에 관하여 양도일 이전에 양도인의 납세의무가 확정된 지방자치단체의 징수금을 양도인의 재산으로 충당하여도 부족할 때에는 양수인은 그 부족액에 대하여 양수한 재산의 가액 내에서 제2차 납세의무를 진다(지방세기본법 48 ①).[6)]

양수인은 사업장별로 그 사업에 관한 모든 권리와 의무를 포괄승계(미수금에 관한 권리와 미지급금에 관한 의무의 경우에는 그 전부를 승계하지 아니하더라도 포괄승계로 봄)한 자로서 양도인이 사업을 경영하던 장소에서 양도인이 경영하던 사업과 같거나 유사한 종목의 사업을 경영하는 자를 말한다(지방세기본법 48 ②).

(2) 사업양수인에 대한 제2차 납세의무 범위

양수한 재산의 가액은 다음 각 가액으로 한다(지방세기본령 27 ①).

---

5) **법인의 제2차 납세의무 한도**: 자산총액과 부채총액의 평가는 해당 지방세(둘 이상의 지방세의 경우에는 납부기한이 뒤에 도래하는 지방세를 말함)의 납부기간 종료일 현재의 시가에 따른다(지방세기본령 25).

6) **사업양수인의 제2차 납세의무 한도**: 사업의 양도인에게 둘 이상의 사업장이 있는 경우에는 하나의 사업장을 양수한 자는 양수한 사업장과 관계되는 지방자치단체의 징수금(둘 이상의 사업장에 공통되는 지방자치단체의 징수금이 있는 경우에는 양수한 사업장에 배분되는 금액을 포함)에 대해서만 제2차 납세의무를 진다(지방세기본령 26).

① 사업의 양수인이 양도인에게 지급하였거나 지급하여야 할 금액이 있는 경우에는 그 금액

② ①에 따른 금액이 없거나 그 금액이 불분명한 경우에는 양수한 자산 및 부채를「상속세 및 증여세법」의 보충적 평가방법(상속법 60-66) 규정을 준용하여 평가한 후 그 자산총액에서 부채총액을 뺀 가액

위의 규정에도 불구하고 ①**에 따른 금액과 시가의 차액이 3억원 이상이거나 시가의 30%에 상당하는 금액 이상인 경우**에는 ①의 금액과 ②의 금액 중 **큰 금액**으로 한다(지방세기본령 27 ②).

제4장 부과

제1절 수정신고, 경정청구와 기한후신고

1. 수정신고, 경정청구와 기한후신고의 의의

수정신고와 경정청구는 납세의무자가 신고한 과세표준과 세액에 오류나 탈루가 있는 경우에 납세의무자가 정정할 수 있는 기회를 부여하는 제도이다. 과소 신고한 과세표준과 세액을 증액하려는 경우에는 수정신고(증액수정신고)를 하며, 원래 과대신고한 과세표준과 세액을 감액하려는 경우에는 경정청구(감액경정청구)를 한다.

기한후신고는 법정신고기한 내에 「과세표준신고서」를 제출하지 아니한 자가 법정신고기한이 지난 후에 「과세표준신고서」를 제출하는 것을 말한다.

수정신고, 경정청구와 기한후신고를 비교하면 다음과 같다.

구 분	수정신고	경정 등의 청구		기한후신고
		일반적인 경우	후발적 사유 발생시	
대상자	신고서 제출자	신고서 제출자	① 신고서 제출자 ② 결정을 받은 자	신고서 미제출자
사유	① 과소신고 ② 불완전신고	① 과대신고 ② 과대경정	① 과대신고 ② 과대경정	무신고
신고 또는 청구 기한	결정·경정하여 통지하기 전까지	법정신고기한 경과 후 3년[*1] 이내	후발적 사유가 발생한 것을 안 날로부터 2개월 이내	결정하여 통지하기 전까지

2. 수정신고

2.1 수정신고

「지방세기본법」 또는 지방세관계법에 따른 **법정신고기한까지 과세표준 신고서를 제출한 자**는 다음의 어느 하나에 해당할 때에는 지방자치단체의 장이 지방세관계법에 따라 그 **지방세의 과세표준과 세액을 결정하거나 경정하여 통지를 하기 전**까지는 **과세표준수정신고서를 제출**할 수 있다(지방세기본법 49 ①).

① 과세표준신고서에 기재된 과세표준 및 세액이 지방세관계법에 따라 신고하여야 할 과세표준 및 세액보다 적을 때

② 과세표준신고서에 기재된 환급세액이 지방세관계법에 따라 신고하여야 할 환급세액을 초과할 때

③ 그 밖에 특별징수의무자의 정산과정에서 누락 등이 발생하여 그 과세표준 및 세액이 지방세관계법에 따라 신고하여야 할 과세표준 및 세액 등보다 적을 때

2.2 수정신고납부

수정신고로 인하여 추가납부세액이 발생한 경우에는 그 수정신고를 한 자는 추가납부세액을 납부하여야 한다(지방세기본법 49 ②).

2.3 수정신고서의 기재사항 및 신고절차

(1) 과세표준수정신고서

과세표준수정신고서에는 다음 각 사항을 적어야 하며, 수정한 부분에 대해서는 그 수정한 내용을 증명하는 서류(종전의 과세표준신고서에 첨부한 서류가 있는 경우에는 이를 수정한 서류를 포함)를 첨부하여야 한다(지방세기본령 28).

① 종전에 신고한 과세표준과 세액

② 수정신고하는 과세표준과 세액

③ 그 밖에 필요한 사항

(2) 수정신고의 절차

수정신고를 하려는 자는 종전에 과세표준과 세액을 신고한 지방자치단체의 장에게 과세표준수정신고서를 제출하여야 한다(지방세기본령 29 ①). 과세표준수정신고서를 제출할 때에는 수정신고의 사유를 증명할 수 있는 서류를 함께 제출하여야 한다(지방세기본령 29 ②).

3. 경정 등의 청구

3.1 일반적인 경우의 경정청구

「지방세기본법」 또는 지방세관계법에 따른 **과세표준신고서를 법정신고기한까지 제출한 자**는 다음의 어느 하나에 해당할 때에는 **법정신고기한이 지난 후 5년 이내**[「지방세법」에 따른 결정 또는 경정이 있는 경우에는 최초신고와 수정신고를 한 지방세의 과세표준 및 세액(「지방세법」에 따른 결정 또는 경정이 있는 경우에는 그 결정 또는 경정이 있음을 안 날(결정 또는 경정의 통지를 받았을 때에는 통지받은 날)부터 90일 이내(법정신고기한이 지난 후 5년 이내로 한정함)를 말함]에 그 결정 또는 경정 후의 과세표준 및 세액 등을 말함)]의 결정 또는 경정을 지방자치단체의 장에게 청구할 수 있다(지방세기본법 50 ①).

① 과세표준신고서에 기재된 과세표준 및 세액(「지방세법」에 따라 결정 또는 경정이 있는 경우에는 그 결정 또는 경정 후의 과세표준 및 세액을 말함)이 「지방세법」에 따라 신고하여야 할 과세표준 및 세액을 초과할 때

② 과세표준신고서에 기재된 환급세액(「지방세법」에 따라 결정 또는 경정이 있는 경우에는 그 결정 또는 경정 후의 환급세액을 말함)이 「지방세법」에 따라 신고하여야 할 환급세액보다 적을 때

3.2 후발적 사유가 발생한 경우의 경정청구

과세표준신고서를 법정신고기한까지 제출한 자 또는 지방세의 과세표준 및 세액의 결정을 받은 자는 다음의 어느 하나에 해당하는 사유가 발생하

였을 때에는 그 **사유가 발생한 것을 안 날부터 3개월 이내**에 결정 또는 경정을 청구할 수 있다(지방세기본법 50 ②, 지방세기본령 30).

① 최초의 신고·결정 또는 경정에서 과세표준 및 세액의 계산 근거가 된 거래 또는 행위 등이 그에 관한 소송의 판결(판결과 동일한 효력을 가지는 화해나 그 밖의 행위를 포함)에 의하여 다른 것으로 확정되었을 때

② 조세조약에 따른 상호합의가 최초의 신고·결정 또는 경정의 내용과 다르게 이루어졌을 때

③ ① 및 ②의 사유와 유사한 사유가 해당 지방세의 법정신고기한이 지난 후에 발생하였을 때

㉠ 최초의 신고·결정 또는 경정을 할 때 과세표준 및 세액의 계산근거가 된 거래 또는 행위 등의 효력과 관계되는 관청의 허가나 그 밖의 처분이 취소된 경우

㉡ 최초의 신고·결정 또는 경정을 할 때 과세표준 및 세액의 계산근거가 된 거래 또는 행위 등의 효력과 관계되는 계약이 해당 계약의 성립 후 발생한 부득이한 사유로 해제되거나 취소된 경우

㉢ 최초의 신고·결정 또는 경정을 할 때 장부 및 증명서류의 압수, 그 밖의 부득이한 사유로 과세표준 및 세액을 계산할 수 없었으나 그 후 해당 사유가 소멸한 경우

㉣ ㉠부터 ㉢까지의 규정에 준하는 사유가 있는 경우

3.3 결정 또는 경정의 청구절차

결정 또는 경정의 청구를 하려는 자는 다음 각 사항을 적은 결정 또는 경정 청구서를 제출(지방세정보통신망에 의한 제출을 포함)하여야 한다(지방세기본령 31).

① 청구인의 성명과 주소 또는 영업소

② 결정 또는 경정 전의 과세표준 및 세액

③ 결정 또는 경정 후의 과세표준 및 세액

④ 결정 또는 경정의 청구를 하는 이유

⑤ 그 밖에 필요한 사항

3.4 결정 또는 경정의 통지 등

결정 또는 경정의 청구를 받은 지방자치단체의 장은 청구받은 날부터 2개월 이내에 청구를 한 자에게 과세표준 및 세액을 결정·경정하거나 결정 또는 경정하여야 할 이유가 없다는 것을 통지하여야 한다. 다만, **청구를 한 자가 2개월 이내에 아무런 통지를 받지 못한 경우**에는 통지를 받기 전이라도 그 2개월이 되는 날의 다음 날부터 이의신청, 심사청구, 심판청구 또는 「감사원법」에 따른 심사청구를 할 수 있다(지방세기본법 51 ③).

4. 기한후신고

4.1 기한후신고

법정신고기한까지 과세표준신고서를 제출하지 아니한 자는 지방자치단체의 장이 「지방세법」에 따라 그 **지방세의 과세표준과 세액**(「지방세기본법」 및 「지방세법」에 따른 가산세를 포함)**을 결정하여 통지하기 전**에는 납기 후의 과세표준신고서(기한후신고서)를 제출할 수 있다(지방세기본법 51 ①).

4.2 기한후신고납부

기한후신고서를 제출한 자로서 지방세관계법에 따라 납부하여야 할 세액이 있는 자는 그 세액을 납부하여야 한다(지방세기본법 51 ②).

4.3 기한후신고의 신고절차

기한후신고를 하려는 자는 지방세관계법에서 정하는 납기 후의 과세표준 신고서(기한후신고서)를 지방자치단체의 장에게 제출하여야 한다(지방세기본령 32).

4.4 결정 또는 경정의 통지 등

기한후신고서를 제출받은 지방자치단체의 장은 「지방세법」에 따라 **신고일부터 3개월 이내**에 그 지방세의 과세표준과 세액을 **결정**하여 신고인에게 통지하여야 한다. 다만, 그 과세표준과 세액을 조사할 때 조사 등에 장기간이 걸리는 등 부득이한 사유로 신고일부터 3개월 이내에 결정할 수 없는 경우에는 그 사유를 신고인에게 통지하여야 한다(지방세기본법 51 ③).

4.5 연말정산에 대한 경정 등의 청구

「국세기본법」에 따른 원천징수대상자가 관련 규정에 따라 원천징수와 관련된 지방소득세의 결정 또는 경정의 청구를 하는 경우에는 앞에서 설명한 경정청구의 규정을 준용한다(지방세기본법 51 ④).

5. 부과취소 및 변경

지방자치단체의 장은 지방자치단체의 징수금의 부과·징수가 위법·부당한 것임을 확인하면 즉시 그 처분을 취소하거나 변경하여야 한다(지방세기본법 58).

6. 국고금 관리법의 준용

지방자치단체의 징수금의 끝수 계산에 관하여는 「국고금 관리법」 제47조를 준용한다. 이 경우 "국고금"은 "지방자치단체의 징수금"으로 본다(지방세기본법 59).

제2절 가산세

1. 가산세의 의의

가산세는 「지방세기본법」 또는 지방세관계법에서 규정하는 **의무의 성실한 이행을 확보**하기 위하여 의무를 이행하지 아니할 경우에 「지방세기본법」 또는 지방세관계법에 따라 산출된 세액에 가산하여 징수하는 금액을 말한다(지방세기본법 2 (23)). 따라서 세법이 규정하는 의무를 위반한 자에 대하여 세법이 정하는 바에 따라 가산세를 부과한다.

2. 가산세의 부과

지방자치단체의 장은 「지방세기본법」 또는 지방세관계법에 따른 **의무를 위반한 자**에게 「지방세기본법」 또는 지방세관계법에서 정하는 바에 따라 가산세를 부과할 수 있다(지방세기본법 52 ①).

가산세는 해당 의무가 규정된 지방세관계법의 **해당 지방세의 세목**으로 한다(지방세기본법 52 ②). 이 규정에도 불구하고 지방세를 감면하는 경우에 **가산세는 감면대상에 포함시키지 아니한다**(지방세기본법 52 ③).

3. 가산세의 종류

3.1 무신고가산세

납세의무자가 **법정신고기한까지 과세표준 신고를 하지 아니한 경우**에는 그 신고로 **납부하여야 할 세액**(「지방세기본법」과 지방세관계법에 따른 가산세와 가산하여 납부하여야 할 이자 상당 가산액이 있는 경우 그 금액은 제외하며, "무신고납부세액"이라 함)**의 20%에 상당하는 금액**을 가산세로 부과한다(지방세기본법 53 ①).

사기나 그 밖의 부정한 행위로 법정신고기한까지 과세표준 신고를 하지 아니한 경우에는 **무신고납부세액의 40%에 상당하는 금액**을 가산세로 부과한다(지방세기본법 53 ②).

3.2 과소신고가산세 · 초과환급신고가산세

납세의무자가 법정신고기한까지 과세표준 신고를 한 경우로서 신고하여야 할 납부세액보다 납부세액을 적게 신고(**과소신고**)하거나 지방소득세 과세표준 신고를 하면서 환급받을 세액을 신고하여야 할 금액보다 많이 신고(**초과환급신고**)한 경우에는 과소신고한 납부세액과 초과환급신고한 환급세액을 합한 금액(지방세기본법과 지방세관계법에 따른 가산세와 가산하여 납부하여야 할 이자 상당 가산액이 있는 경우 그 금액은 제외하며, 이하_**과소신고납부세액 등**이라 한다)**의 10%에 상당하는 금액**을 가산세로 부과한다(지방세기본법 54 ①).

사기나 그 밖의 부정한 행위로 과소신고하거나 초과환급신고한 경우에는 **다음 각 금액을 합한 금액**을 가산세로 부과한다(지방세기본법 54 ②).[1)]

① 사기나 그 밖의 부정한 행위로 인한 과소신고납부세액 등(**부정과소신고납부세액 등)의 40%에 상당하는 금액**

② **과소신고납부세액 등에서 부정과소신고납부세액 등을 뺀 금액의 10%**에 상당하는 금액

다음의 어느 하나에 해당하는 사유로 과소신고한 경우에는 과소신고가산세 · 초과환급신고가산세를 **부과하지 아니한다**(지방세기본법 54 ③).

① 신고 당시 소유권에 대한 소송으로 상속재산으로 확정되지 아니하여 과소신고한 경우

---

1) 이 규정을 적용할 때 ①의 부정과소신고납부세액 등과 ②의 과소신고납부세액 등에서 부정과소신고납부세액 등을 뺀 금액(**일반과소신고납부세액 등**)이 있는 경우로서 부정과소신고납부세액등 과 일반과소신고납부세액 등을 구분하기 곤란한 경우 부정과소신고납부세액 등은 다음의 계산식에 따라 계산한 금액으로 한다(지방세기본령 33).

$$\text{과소신고납부세액등} \times \frac{\text{부정과소신고납부세액등 과세표준}}{\text{과소신고납부세액등 과세표준}}$$

② 「법인세법」에 따라 법인세 과세표준 및 세액의 결정·경정으로 「상속세 및 증여세법」의 규정에 따른 증여의제이익이 변경되는 경우(부정행위로 인하여 법인세의 과세표준 및 세액을 결정·경정하는 경우는 제외)에 해당하여 「소득세법」에 따른 주식 등의 취득가액이 감소됨에 따라 양도소득에 대한 지방소득세 과세표준을 과소신고한 경우

3.3 납부불성실·환급불성실가산세

납세의무자가 지방세관계법에 따른 납부기한까지 지방세를 납부하지 아니하거나 납부하여야 할 세액보다 적게 납부(**과소납부**)한 경우 또는 환급받아야 할 세액보다 많이 환급(**초과환급**)받은 경우에는 **다음 각 계산식에 따라 산출한 금액을 합한 금액**을 가산세로 부과한다. 이 경우 가산세는 납부하지 아니한 세액, 과소납부분(납부하여야 할 금액에 미달하는 금액을 말함) 세액 또는 초과환급분(환급받아야 할 세액을 초과하는 금액을 말함) **세액의 75%에 해당하는 금액을 한도**로 한다(지방세기본법 55 ①).

① 납부하지 아니한 세액 또는 과소납부분 세액(지방세관계법에 따라 가산하여 납부하여야 할 이자 상당 가산액이 있는 경우 그 금액을 더한다) × 납부기한의 다음 날부터 자진납부일 또는 부과결정일까지의 기간 × 금융회사 등이 연체대출금에 대하여 적용하는 이자율 등을 고려하여 정하는 이자율[2)]

② 초과환급분 세액(지방세관계법에 따라 가산하여 납부하여야 할 이자 상당 가산액이 있는 경우 그 금액을 더한다) × 환급받은 날의 다음 날부터 자진납부일 또는 부과결정일까지의 기간 × 금융회사 등이 연체대출금에 대하여 적용하는 이자율 등을 고려하여 정하는 이자율

「법인세법」에 따라 법인세 과세표준 및 세액의 결정·경정으로 「상속세 및 증여세법」의 규정에 따른 증여의제이익이 변경되는 경우(부정행위로 인하여 법인세의 과세표준 및 세액을 결정·경정하는 경우는 제외)에 해당하여 「소득세법」에 따른 주식 등의 취득가액이 감소됨에 따라 양도소득에 대한 지방소득세를 과소납부하거나 초과환급받은 경우에는 납

---

2) **금융회사 등이 연체대출금에 대하여 적용하는 이자율 등을 고려하여 정하는 이자율**은 1일 1십만분의 25를 말한다(지방세기본령 34).

부불성실 · 환급불성실가산세를 적용하지 아니한다(지방세기본법 55 ②).

지방소득세를 과세기간을 잘못 적용하여 신고납부한 경우에는 납부불성실 · 환급불성실가산세를 적용할 때 실제 신고납부한 날에 실제 신고납부한 금액의 범위에서 당초 신고납부하였어야 할 과세기간에 대한 지방소득세를 신고납부한 것으로 본다. 다만, 해당 지방소득세의 신고가 부정행위로 무신고한 경우 또는 부정행위로 과소신고 · 초과환급신고한 경우에는 그러하지 아니하다(지방세기본법 55 ③).

3.4 특별징수납부 등 불성실가산세

특별징수의무자가 징수하여야 할 세액을 지방세관계법에 따른 납부기한까지 납부하지 아니하거나 과소납부한 경우에는 **납부하지 아니한 세액 또는 과소납부분 세액의 10%를 한도**로 하여 **다음 각 금액을 합한 금액**을 가산세로 부과한다(지방세기본법 56).

① 납부하지 아니한 세액 또는 과소납부분 세액의 3%에 상당하는 금액

② 다음의 계산식에 따라 산출한 금액[3)]

납부하지 아니한 세액 또는 과소납부분 세액 × 납부기한의 다음 날부터 자진납부일 또는 부과결정일까지의 기간 × 금융회사 등이 연체대출금에 대하여 적용하는 이자율 등을 고려하여 대통령령으로 정하는 이자율

4. 가산세의 감면 등

4.1 가산세의 부과 제외

지방자치단체의 장은 「지방세기본법」 또는 지방세관계법에 따라 가산세를 부과하는 경우 그 부과의 원인이 되는 사유가 기한연장 사유에 해당하거나 납세자가 해당 의무를 이행하지 아니한 정당한 사유가 있을 때에는 그 가산세를 부과하지 아니한다(지방세기본법 57 ①).

3) 금융회사 등이 연체대출금에 대하여 적용하는 이자율 등을 고려하여 정하는 이자율은 1일 1만분의 3을 말한다(지방세기본령 34)

4.2 가산세의 감면

지방자치단체의 장은 다음의 어느 하나에 해당하는 경우에는 「지방세기본법」 또는 지방세관계법에 따른 해당 가산세액에서 다음 각 구분에 따른 금액을 감면한다(지방세기본법 57 ②).

① 법정신고기한이 지난 후 **2년 이내에 수정신고한 경우**(**과소신고가산세·초과환급신고가산세**만 해당하며, 지방자치단체의 장이 과세표준과 세액을 경정할 것을 미리 알고 과세표준 수정신고서를 제출한 경우[4]는 제외)에는 다음 각 구분에 따른 금액

㉠ 법정신고기한이 지난 후 **6개월 이내에 수정신고한 경우**: 해당 가산세액의 **50%**에 상당하는 금액

㉡ 법정신고기한이 지난 후 **6개월 초과 1년 이내에 수정신고한 경우**: 해당 가산세액의 **20%**에 상당하는 금액

㉢ 법정신고기한이 지난 후 **1년 초과 2년 이내에 수정신고한 경우**: 해당 가산세액의 **10%**에 상당하는 금액

② 법정신고기한이 지난 후 **6개월 이내에 기한후신고를 한 경우**(**무신고가산세**만 해당하며, 지방자치단체의 장이 과세표준과 세액을 결정할 것을 미리 알고 기한후신고서를 제출한 경우는 제외)에는 다음 각 구분에 따른 금액

㉠ 법정신고기한이 지난 후 **1개월 이내에 기한 후 신고를 한 경우**: 해당 가산세액의 **50%**에 상당하는 금액

㉡ 법정신고기한이 지난 후 **1개월 초과 6개월 이내에 기한 후 신고를 한 경우**: 해당 가산세액의 **20%**에 상당하는 금액

③ **과세전적부심사 결정·통지기간 이내에 그 결과를 통지하지 아니한 경우**(결정·통지가 지연되어 해당 기간에 부과되는 **납부불성실·환급불성실가산세**만 해당)에는 해당 기간에 부과되는 가산세액의 **50%**에 상당하는 금액

④ 「지방세법」에 따른 양도소득에 대한 개인지방소득세 예정신고기한

---

4) **가산세 감면의 제외 사유: 경정 또는 결정할 것을 미리 알고 제출하거나 신고한 경우**는 해당 지방세에 관하여 세무공무원(지방소득세의 경우 「국세기본법」에 따른 세무공무원을 포함)이 조사를 시작한 것을 알고 과세표준 신고서, 과세표준 수정신고서 또는 기한후신고서를 제출한 경우로 한다(지방세기본령 36).

이후 확정신고기한까지 과세표준 신고 및 수정신고를 한 경우로서 다음 의 어느 하나에 해당하는 경우에는 해당 가산세액의 50%에 상당하는 금액

㉠ 예정신고를 하지 아니하였으나 확정신고기한까지 과세표준 신고를 한 경우(무신고가산세만 해당하며, 지방자치단체의 장이 과세표준과 세액을 경정할 것을 미리 알고 과세표준 신고를 하는 경우는 제외)

㉡ 예정신고를 하였으나 납부하여야 할 세액보다 적게 신고하거나 환급받을 세액을 신고하여야 할 금액보다 많이 신고한 경우로서 확정신고기한까지 과세표준을 수정신고한 경우(과소신고가산세 또는 초과환급신고가산세만 해당하며, 지방자치단체의 장이 과세표준과 세액을 경정할 것을 미리 알고 과세표준 신고를 하는 경우는 제외)

4.3 가산세의 감면 등 신청

가산세 감면 등을 받으려는 자는 **감면 등을 신청**할 수 있다(지방세기본법 57 ③).

가산세의 감면 등을 받으려는 자는 다음 각 사항을 적은 신청서를 지방자치단체의 장에게 제출하여야 한다(지방세기본령 35 ①).

① 감면 등을 받으려는 가산세와 관계되는 세목, 과세연도

② 감면 등을 받으려는 가산세의 종류 및 금액

③ 해당 의무를 이행할 수 없었던 사유(가산세 부과의 원인이 되는 사유가 기한연장 사유에 해당하거나 납세자가 해당 의무를 이행하지 아니한 정당한 사유가 있을 경우만 해당)

이 경우에 ③의 사유를 증명할 수 있는 서류가 있을 때에는 이를 첨부하여야 한다(지방세기본령 35 ②).

지방자치단체의 장은 가산세의 감면 등을 하였을 때에는 지체 없이 그 사실을 문서로 해당 납세자에게 통지하여야 한다. 이 경우 가산세의 감면 등의 신청을 받은 경우에는 그 승인 여부를 신청일부터 5일 이내에 통지하여야 한다(지방세기본령 35 ③).

제5장 지방세환급금과 납세담보

제1절 지방세환급금과 지방세환급가산금

1. 지방세환급금과 지방세환급가산금

지방세환급금은 납세의무자가 지방세·가산금 또는 체납처분비로 납부한 금액 중 잘못 납부하거나 초과하여 납부한 금액이 있거나 세법에 따라 환급하여야 할 환급세액이 있는 때에는 이를 반환하여야 하는데 이러한 반환되는 금액을 말한다.

지방세환급금의 환급절차는 결정·충당·지급의 순서로 진행된다.

지방세환급가산금은 지방세환급금을 충당·환급할 경우 지방세환급금에 가산되는 법정이자 상당액으로, 납세자가 지방세를 체납할 경우에 가산·징수하는 가산금이나 미납부가산세에 대응되는 금액이다.

2. 지방세환급금의 충당과 환급

2.1 지방세환급금의 결정

지방자치단체의 장은 납세자가 납부한 지방자치단체의 징수금 중 **과오납한 금액**이 있거나 「지방세법」에 따라 **환급하여야 할 환급세액**(지방세관계법에 따라 환급세액에서 공제하여야 할 세액이 있을 때에는 공제한 후 남은 금액을 말함)이 있을 때에는 **즉시** 그 오납액, 초과납부액 또는 환급세액을 지방세환급금으로 **결정**하여야 한다(지방세기본법 60 ① 전단).[1)]

1) 위 규정에도 불구하고 지방소득세를 과세기간을 잘못 적용하여 신고납부한 경우에 납부불성실환급불성실가산세를 적용할 때 실제 신고납부한 날에 실제 신고납부한 금액

이 경우 착오납부, 이중납부로 인한 환급청구를 하려는 자는 환급 방법, 환급금 내역 등을 적은 지방세 환급청구서를 지방자치단체의 장에게 제출하여야 한다[2] (지방세기본법 60 ① 후단, 지방세기본령 38 ④).

2.2 지방세환급금의 충당

지방자치단체의 장은 지방세환급금으로 결정한 금액을 다음 각 지방자치단체의 징수금에 **충당**하여야 한다. 다만, ① (납기전징수 사유에 해당하는 경우는 제외) 및 ③의 지방세에 충당하는 경우에는 **납세자의 동의**가 있어야 한다(지방세기본법 60 ②).

① 납세고지에 따라 납부하는 지방세
② 체납액[3]
③「지방세기본법」 또는 지방세관계법에 따라 납부하는 지방세

지방세환급금을 충당할 경우에는 ②의 **체납액에 우선 충당**하여야 한다(지방세기본령 37 ①).[4] 지방자치단체의 장은 충당하였을 때에는 그 사실을 권리자에게 **통지**하여야 한다(지방세기본령 37 ⑤). 통지를 받은 자는 지방자치단체의 금고에 지방세환급금 지급청구를 하여야 한다(지방세기본령 39 ①).

지방세환급금의 충당은 개인 납세자가 **납세고지에 따라 납부하는 지방세**로 한정한다(지방세기본령 37 ②).

의 범위에서 당초 신고납부하였어야 할 과세기간에 대한 지방소득세를 신고납부한 것으로 보는 경우에 해당하는 경우에는 이 규정을 적용하지 아니한다(지방세기본법 60 ⑩, 55 ③ 본문).

2) 지방자치단체의 장은 환급청구를 받은 경우에는 지방자치단체의 금고에 지방세환급금 지급명령서를 송부하여야 한다. 이 경우 지방세환급금 지급명령서는 전자적 형태로 송부할 수 있다(지방세기본령 38 ⑤).

3) **징수금에 충당하는 경우** 체납액과 지방세환급금은 체납된 지방세의 법정납부기한과 국세환급가산일의 기산일 늦은 때로 소급하여 같은 금액만큼 소멸한 것으로 본다(지방세기본법 60 ③)

4) **충당할 지방세환급금이 2건 이상인 경우**에는 소멸시효가 먼저 도래하는 것부터 충당하여야 한다(지방세기본령 37 ④).

2.3 지방세환급금의 충당청구

납세자가 지방세관계법에 따라 환급받을 환급세액이 있는 경우에는 ① 납세고지에 따라 납부하는 지방세 및 ②「지방세기본법」 또는 지방세관계법에 따라 납부하는 지방세에 **충당**할 것을 **청구**할 수 있다. 이 경우 충당된 세액의 **충당청구를 한 날**에 그 지방세를 **납부**한 것으로 본다(지방세기본법 60 ④).

2.4 지방세환급금의 환급

지방세환급금 중 충당한 후 남은 금액은 지방세환급금의 결정을 한 날부터 지체 없이 납세자에게 환급하여야 한다(지방세기본법 60 ⑤).[5)]

지방세환급금(지방세환급가산금을 포함)의 환급은 「지방재정법」에도 불구하고 환급하는 연도의 수입금 중에서 환급한다(지방세기본법 60 ⑧).

(1) 지방세환급금의 환급

결정한 지방세환급금(지방세환급가산금을 포함)을 미납된 지방자치단체의 징수금에 충당하고 남은 금액이 생겼거나 충당할 것이 없어서 이를 환급하여야 할 경우에는 지체 없이 지급금액, 지급이유, 지급절차, 지급장소, 그 밖에 필요한 사항을 권리자에게 **통지**하여야 한다(지방세기본령 38 ①). 지방자치단체의 장은 통지를 받은 경우에는 지방자치단체의 금고에 지방세환급금 지급명령서를 송부하여야 한다. 이 경우 지방세환급금 지급명령서는 전자적 형태로 송부할 수 있다(지방세기본령 38 ⑤).

---

5) 지방세환급금 중 충당한 후 남은 금액이 10만원 이하이고, 지급결정을 한 날부터 6개월 이내에 환급이 이루어지지 아니하는 경우에는 ① 납세고지에 따라 납부하는 지방세 및 ②「지방세기본법」 또는 지방세관계법에 따라 신고납부하는 지방세에 충당할 수 있다. 이 경우 납세자의 동의가 있는 것으로 본다(지방세기본법 60 ⑥).

지방세환급금의 충당은 다음 각 **기준**에 따른다. 다만, 지역실정을 고려하여 필요한 경우에는 특별시 · 광역시 또는 도의 조례로 충당 기준을 달리 정할 수 있다(지방세기본령 37 ③).

① 과세기준일이 정해져 있는 세목이 있는 경우에는 해당 세목에 우선 충당할 것
② 지방세에 부가되는 지방교육세가 있는 경우에는 해당 지방세에 우선 충당할 것
③ 납세자에게 같은 세목으로 여러 건이 부과되는 경우에는 과세번호가 빠른 건에 우선 충당할 것

납세의무자 또는 특별징수의무자와 그 자에 대한 지방자치단체의 징수금의 **제2차 납세의무자가 각각 그 일부를 납부한 지방세에 지방세환급금이 생겼을 경우** 그 지방세환급금의 환급 또는 충당에 대해서는 우선 제2차 납세의무자가 납부한 금액에 대하여 지방세환급금이 생긴 것으로 본다(지방세기본령 38 ②). 지방자치단체의 장은 환급하거나 충당한 경우에는 그 사실을 납세의무자 또는 특별징수의무자와 제2차 납세의무자에게 통지하여야 한다(지방세기본령 38 ③).

지방세를 납부한 납세자가 사망한 경우로서 충당한 후 남은 금액이 10만원 이하이고, 지급결정을 한 날부터 6개월 이내에 환급이 이루어지지 아니한 경우에는 지방세환급금을 주된 상속자에게 지급할 수 있다(지방세기본법 60 ⑦).

(2) 지방세환급금의 지급절차

통지를 받거나 환급청구한 자는 지방자치단체의 금고에 지방세환급금 지급청구를 하여야 한다(지방세기본령 39 ①).

지방자치단체의 금고는 지방세환급금 지급명령서를 송부받은 지방세환급금에 대하여 지급청구를 받으면 즉시 이를 지급하고, 지방세환급금 지급확인통지서를 지방자치단체의 장에게 송부하여야 한다. 이 경우 지방세환급금 지급명령서를 전자적 형태로 송부받은 경우에는 지방세환급금 지급확인통지서를 전자적 형태로 송부할 수 있다(지방세기본령 39 ②).

지방자치단체의 금고는 지방세환급금을 지급할 때에는 주민등록증이나 그 밖의 신분증을 제시하도록 하여 상대방이 정당한 권리자인지를 확인하고, 지방세환급금 지급명령서의 권리자란에 수령인의 주민등록번호 등을 적은 후 그 서명을 받아야 한다(지방세기본령 39 ③).

지방자치단체의 금고는 지방세환급금의 권리자가 금융회사 또는 체신관서에 계좌를 개설하고 이체입금하는 방법으로 지급청구를 하는 경우에는 그 계좌에 이체입금하는 방법으로 지방세환급금을 지급할 수 있다(지방세기본령 39 ④).

특별시세 · 광역시세 또는 도세("시 · 도세"라 함)에 대한 지방세환급금은 시장 · 군수 또는 구청장(자치구의 구청장을 말함)이 지급하되, 이에 필요한 자금은 시 · 도세 수납액 중에서 충당한다. 다만, 시 · 도세 수납액이 환급하여야 할 금액보다 적을 경우에는 시장 · 군수 또는 구청장의 요구에 따라 특별시장 · 광역시장 또는 도지사("시 · 도지사"라 함)가 그 부족액을 직접 환급할 수 있다[6](지방세기본령 39 ⑤).

(3) 지방세환급금 지급계좌의 신고

납세자는 지방세환급금이 발생할 때마다 계좌에 이체입금하는 방법으로 지급받으려는 경우에는 금융회사 또는 체신관서의 계좌를 지방자치단체의 장에게 신고하여야 한다(지방세기본령 40).

(4) 지방세환급금의 직권지급

지방자치단체의 장은 다음의 어느 하나에 해당하는 경우에는 지방세환급금 권리자의 지급청구가 없더라도 해당 계좌에 이체입금하는 방법으로 지방세환급금을 지급할 수 있다(지방세기본령 41 ①).

① 「지방세징수법」에 따라 지방세를 자동계좌이체로 납부한 자 중 지방세환급금의 직권지급에 미리 동의한 경우

② 결정 또는 경정 청구서, 지방세 환급청구서, 지방세환급금 양도신청서에 지급계좌를 기재한 경우(해당 지방세환급금으로 한정함)

③ 지방세환급금의 지급계좌를 신고한 경우

지방세환급금을 직권으로 지급한 경우에는 그 사실을 지방세환급금의 권리자에게 통지하여야 한다(지방세기본령 41 ①).

2.5 지방세환급금의 결정취소의 경우 준용

지방자치단체의 장이 지방세환급금의 결정이 취소됨에 따라 이미 충당되거나 지급된 금액의 반환을 청구할 때에는 「지방세징수법」에 따른 고지 · 독촉 및 체납처분을 준용한다(지방세기본법 60 ⑨).

---

6) 시 · 도지사가 지방세환급금을 직접 환급하는 경우와 지방세환급금을 환급받을 자가 다른 지방자치단체에 있는 경우에는 송금의 방법으로 지급할 수 있다(지방세기본령 39 ⑥).

3. 지방세환급가산금

3.1 지방세환급가산금의 기산일

지방자치단체의 장은 지방세환급금을 충당하거나 지급할 때에는 다음의 구분에 따른 날의 다음 날부터 충당하는 날 또는 지급결정을 하는 날까지의 **기간**과 금융회사의 예금이자율 등을 고려하여 정하는 이율에 따라 계산한 금액(**지방세환급가산금**)을 지방세환급금에 가산하여야 한다(지방세기본법 62 ①).

① 착오납부, 이중납부 또는 납부 후 그 납부의 기초가 된 신고 또는 부과를 경정(⑥ 및 ⑦에 해당하는 경우는 제외)하거나 취소함에 따라 발생한 지방세환급금의 경우에는 그 지방세의 **납부일**. 다만, 그 지방세가 둘 이상의 납기가 있는 경우와 2회 이상 분할납부된 경우에는 그 마지막 납부일로 하되, 지방세환급금이 마지막에 납부된 금액을 초과하는 경우에는 그 금액이 될 때까지 납부일의 순서로 소급하여 계산한 지방세의 각 납부일로 하며, 특별징수에 의한 납부액은 해당 세목의 법정신고기한 만료일에 납부된 것으로 본다.

② 「지방세법」에 따라 연세액(年稅額)을 일시납부한 경우로서 세액의 일할계산(日割計算)으로 인하여 발생한 환급금의 경우에는 **소유권이전등록일·양도일 또는 사용을 폐지한 날**

③ 적법하게 납부된 지방세의 감면으로 발생한 지방세환급금의 경우에는 그 **결정일**

④ 적법하게 납부된 후 법령 또는 조례가 개정되어 발생한 지방세환급금의 경우에는 그 **법령 또는 조례의 시행일**

⑤ 「지방세기본법」 또는 지방세관계법에 따른 환급세액의 신고 또는 잘못된 신고에 따른 경정(⑥에 해당하는 경우는 제외)을 원인으로 하여 지방세를 환급하는 경우에는 그 **신고를 한 날**(법정신고기일 전에 신고한 경우에는 그 법정신고기일)**부터 30일이 지난 날**. 다만, 환급세액을 신고하지 아니함에 따른 결정으로 발생한 환급세액을 환

급하는 경우에는 그 결정일부터 30일이 지난 날로 한다.

⑥ 경정의 청구에 따라 납부한 세액 또는 환급한 세액을 경정함으로 인하여 환급하는 경우에는 그 **경정청구일**(경정청구일이 지방세 납부일보다 이른 경우에는 지방세 납부일)

⑦ 다음의 어느 하나에 해당하는 사유로 지방소득세를 환급하는 경우에는 지방자치단체의 장이 **지방세환급금으로 결정한 날부터 30일이 지난 날**

㉠ 경정청구 없이 세무서장 또는 지방국세청장이 결정 또는 경정한 자료에 따라 지방소득세를 환급하는 경우

㉡ 「지방세법」에 따라 법인지방소득세 특별징수세액을 환급하는 경우

㉢ 「지방세법」에 따라 지방소득세를 환급하는 경우

지방세환급금을 지방세에 충당하는 경우 지방세환급가산금은 지급결정을 한 날까지 가산한다(지방세기본법 62 ②).

3.2 지방세환급가산금의 계산

지방세환급가산금의 **이율**은 「국세기본법」에 따른 국세환급가산금의 이자율로 한다(지방세기본령 43).

4. 지방세환급금에 관한 권리의 양도

지방세환급금(환급가산금을 포함)에 관한 납세자의 권리는 **타인에게 양도**할 수 있다(지방세기본법 63).

납세자는 지방세환급금(환급가산금을 포함)을 타인에게 양도하려는 경우에는 다음 각 사항을 적은 **신청서**를 해당 지방자치단체의 장에게 제출하여야 한다(지방세기본령 44 ①).

① 권리자(양도인)의 성명과 주소 또는 영업소

② 양수인의 성명과 주소 또는 영업소

③ 양도하려는 지방세환급금이 발생한 연도·세목과 금액

지방자치단체의 장은 신청서를 접수하였을 때에는 양수인과 양도인의 **다른 체납액이 없으면** 이에 응하여야 한다(지방세기본령 44 ②). 지방세환급금 양도 신청이 있는 경우 지방자치단체의 장은 그 처리 결과를 **7일 이내**에 양도인과 양수인에게 **통지**하여야 한다(지방세기본령 44 ③).

5. 지방세환급금의 소멸시효

지방세환급금과 지방세환급가산금에 관한 납세자의 권리는 행사할 수 있는 때부터 **5년**간 행사하지 아니하면 시효로 인하여 소멸한다(지방세기본법 64 ①).

지방세환급금의 소멸시효에 관하여는 「지방세기본법」 또는 지방세관계법에 별도의 규정이 있는 것을 제외하고는 「민법」을 따른다. 이 경우 지방세환급금 또는 지방세환급가산금과 관련된 과세처분의 취소 또는 무효확인 청구의 소 등 **행정소송을 청구한 경우** 그 시효의 중단에 관하여는 「민법」 제168조제1호에 따른 청구[7]를 한 것으로 본다(지방세기본법 64 ②).

지방세환급금의 소멸시효는 지방자치단체의 장이 납세자의 지방세 환급청구를 촉구하기 위하여 납세자에게 하는 지방세 환급청구의 안내·통지 등으로 인하여 중단되지 아니한다(지방세기본법 64 ③).

6. 물납재산의 환급

6.1 물납재산의 환급

납세자가 「지방세법」에 따라 재산세를 물납(物納)한 후 그 부과의 전부 또는 일부를 취소하거나 감액하는 경정결정에 따라 환급하는 경우에는 그 **물납재산으로 환급**하여야 한다(지방세기본법 61 ① 본문).

---

7) **소멸시효의 중단사유**: 소멸시효는 다음 각 사유로 인하여 중단된다(민법 168).
① 청구
② 압류 또는 가압류, 가처분
③ 승인

6.2 물납재산의 환급제한(금전환급)

물납재산이 매각되었거나 다른 용도로 사용되고 있는 경우 등 다음의 어느 하나에 해당하는 경우에는 「지방세 환급금의 충당과 환급」 규정을 준용한다(지방세기본법 61 ① 단서, 지방세기본령 42 ②).

① 해당 물납재산이 매각된 경우

② 해당 물납재산의 성질상 분할하여 환급하는 것이 곤란한 경우

③ 해당 물납재산이 임대 중이거나 다른 행정용도로 사용되고 있는 경우

④ 해당 물납재산에 대한 사용계획이 수립되어 그 물납재산으로 환급하는 것이 곤란하다고 인정되는 경우

6.3 물납재산 유지·관리비용의 부담주체

물납재산을 환급하는 경우에 지방자치단체가 해당 물납재산을 유지 또는 관리하기 위하여 지출한 비용은 **지방자치단체의 부담**으로 한다. 다만, 지방자치단체가 물납재산에 대하여 **자본적 지출을 한 경우**에는 이를 **납세자의 부담**으로 한다(지방세기본령 42 ①).

6.4 지방세환급가산금의 지급배제

물납재산으로 환급하는 경우에는 「지방세환급가산금」 규정을 적용하지 아니한다(지방세기본법 61 ②).

제2절 납세담보

1. 납세담보의 의의

납세담보는 납세자의 납세의무불이행에 대비하여 조세채권을 확보하기 위하여 세법 규정에 따라 납세자 또는 제3자로부터 제공받는 물적담보(납세담보)와 인적담보(납세보증인)를 말한다.

2. 납세담보의 종류와 평가

2.1 담보의 종류

「지방세기본법」 또는 지방세관계법에 따라 제공하는 담보(납세담보)는 다음의 어느 하나에 해당하는 것이어야 한다(지방세기본법 65).

① 금전
② 국채 또는 지방채
③ 지방자치단체의 장이 확실하다고 인정하는 유가증권
④ 납세보증보험증권
⑤ 지방자치단체의 장이 확실하다고 인정하는 보증인의 납세보증서
⑥ 토지
⑦ 보험에 든 등기되거나 등록된 건물·공장재단·광업재단·선박·항공기 또는 건설기계

2.2 담보의 평가

납세담보의 **가액**은 다음 각 구분에 따른다(지방세기본법 66).

① 국채, 지방채 및 유가증권: 시가(時價)를 고려하여 결정한 가액[8]

8) **납세담보 시 국채 등의 평가 : 시가를 고려하여 결정한 가액**은 납세담보로 제공하는 날의 전날을 평가기준일로 하여 「상속세 및 증여세법」을 준용하여 계산한 가액으로

② 납세보증보험증권: 보험금액

③ 납세보증서: 보증액

④ 토지, 주택, 주택 외 건축물, 선박, 항공기 및 건설기계: 「지방세법」에 따른 시가표준액

⑤ 공장재단 또는 광업재단: 감정기관이나 그 재산의 감정평가에 관하여 전문적 기술을 보유하는 자의 평가액

<table>
<tr><th colspan="2">담보의 종류</th><th>담보의 평가</th><th>담보의 제공방법</th><th>담보제공금액</th></tr>
<tr><td rowspan="5">물적담보</td><td>금전</td><td>금전액(평가불필요)</td><td>공탁[*1]하고
공탁수령증을 제출</td><td>110% 이상</td></tr>
<tr><td>국채·지방채</td><td>시가</td><td rowspan="2">공탁[*1]하고 공탁수령증을 제출(단, 등록된 국채, 지방채, 사채는 담보제공 뜻을 등록한 등록확인증을 제출)</td><td rowspan="2">120% 이상</td></tr>
<tr><td>유가증권</td><td>① 상장유가증권으로 매매사실이 있는 것 : 담보제공일 전일의 최종시세가액
② ① 이외의 것 : 담보제공일 전일의 「상속세 및 증여세법」 규정을 준용한 평가가액</td></tr>
<tr><td>토지, 주택, 주택 외 건축물, 선박, 항공기 및 건설기계</td><td>「지방세법」의 시가표준액</td><td rowspan="2">등기필증 또는 등록확인증을 제시하며, 지방바치단체의 장은 저당권 설정을 위한 등기·등록절차를 이행</td><td rowspan="2">120% 이상</td></tr>
<tr><td>공장재단, 광업재단,</td><td>감정기관이나 그 재산의 감정청가에 관하여 전문적 기술을 보유하는 자의 평가액</td></tr>
<tr><td rowspan="2">인적담보</td><td>납세보증
보험증권</td><td>보험금액</td><td>납세보증보험증권을
제출</td><td>110% 이상</td></tr>
<tr><td>납세보증서</td><td>보증금액</td><td>납세보증서를 제출</td><td>120% 이상</td></tr>
</table>

*1 **공탁**은 금전, 유가증권, 기타의 물품을 「공탁법」의 공탁절차에 따라 공탁서를 작성하고 지정된 공탁소(대법원장이 지정하는 은행 또는 창고업자)에 임치하는 것을 말함.

한다(지방세기본령 45).

3. 담보의 제공방법

3.1 담보의 제공

납세담보를 제공하려는 자는 **담보할 지방세의 120%**(현금 또는 납세보증보험증권의 경우에는 110%) **이상의 가액**에 상당하는 납세담보의 제공과 함께 행정안전부령으로 정하는 납세담보제공서를 제출하여야 한다. 다만, **그 지방세가 확정되지 아니한 경우**에는 지방자치단체의 장이 정하는 가액에 해당하는 납세담보를 제공하여야 한다(지방세기본령 46 ①).

3.2 금전 또는 유가증권을 납세담보로 제공하려는 경우

금전 또는 유가증권을 납세담보로 제공하려는 자는 이를 **공탁**하고 그 공탁영수증을 지방자치단체의 장에게 제출하여야 한다. 다만, **등록된 국채·지방채 또는 사채의 경우**에는 담보제공의 뜻을 등록하고 그 등록확인증을 제출하여야 한다(지방세기본법 67 ①).

3.3 납세보증보험증권 또는 납세보증서를 납세담보로 제공하려는 경우

납세보증보험증권 또는 납세보증서를 납세담보로 제공하려는 자는 그 **보험증권** 또는 **보증서**를 지방자치단체의 장에게 **제출**하여야 한다(지방세기본법 67 ②).

납세담보로 제공하는 납세보증보험증권은 그 보험증권의 보험기간이 **납세담보를 필요로 하는 기간에 30일 이상을 더한 것**이어야 한다. 다만, 납부기한이 확정되지 아니한 지방세의 경우에는 지방자치단체의 장이 정하는 기간에 따른다(지방세기본령 46 ②).

3.4 토지, 주택, 주택 외 건물, 선박, 항공기, 건설기계 또는 공장재단·광업재단을 납세담보로 제공하려는 경우

토지, 주택, 주택 외 건물, 선박, 항공기, 건설기계 또는 공장재단·광업재단을 납세담보로 제공[9]하려는 자는 **등기필증, 등록완료통지서** 또는 **등록확인증**을 지방자치단체의 장에게 제시하여야 하며, 지방자치단체의 장은 이에 따라 **저당권의 설정을 위한 등기 또는 등록의 절차**[10]를 밟아야 한다(지방세기본법 67 ③).

보험에 든 주택, 주택 외 건물, 선박, 항공기, 건설기계 또는 공장재단 · 광업재단을 납세담보로 제공하려는 자는 그 **화재보험증권을 제출**하여야 한다. 이 경우 그 보험기간은 **납세담보를 필요로 하는 기간에 30일 이상을 더한 것**이어야 한다(지방세기본령 46 ④).

4. 담보의 변경과 보충

4.1 담보의 변경

납세담보를 제공한 자는 지방자치단체의 장의 **승인**을 받아 그 담보를 **변경**할 수 있다(지방세기본법 68 ①). 지방자치단체의 장은 납세자가 납세담보의 변경승인을 신청한 경우에는 다음의 어느 하나에 해당하면 이를 승인하여야 한다(지방세기본령 47 ①).

① 보증인의 납세보증서를 갈음하여 다른 담보재산을 제공한 경우

---

9) 지방자치단체의 장은 납세자가 토지, 주택, 주택 외 건물, 선박, 항공기, 건설기계 또는 공장재단·광업재단을 납세담보로 제공하려는 경우에는 제시된 등기필증, 등록완료통지서 또는 등록확인증이 사실과 일치하는지 조사하여 다음의 어느 하나에 해당하는 경우에는 **다른 담보를 제공**하게 하여야 한다(지방세기본령 46 ③).
   ① 「지방세기본법」 또는 지방세관계법에 따라 담보제공이 금지되거나 제한된 경우. 다만, 주무관청의 허가를 받아 제공하는 경우는 제외한다.
   ② 「지방세기본법」 또는 지방세관계법에 따라 사용·수익이 제한된 것으로 납세담보의 목적을 달성할 수 없다고 인정된 경우
   ③ 그 밖에 담보의 목적을 달성할 수 없다고 인정된 경우

10) **저당권을 설정하기 위한 등기 또는 등록을 하려는 경우**에는 다음 각 사항을 적은 문서로 등기·등록관서에 촉탁하여야 한다(지방세기본령 47 ⑤).
   ① 재산의 표시
   ② 등기 또는 등록의 원인과 그 연월일
   ③ 등기 또는 등록의 목적
   ④ 저당권의 범위
   ⑤ 등기 또는 등록 권리자
   ⑥ 등기 또는 등록 의무자의 주소 또는 영업소와 성명

② 제공한 납세담보의 가액이 변동되어 과다하게 된 경우
③ 납세담보로 제공한 유가증권 중 상환기간이 정해진 것이 그 상환시기에 이른 경우

4.2 담보의 보충

지방자치단체의 장은 납세담보물의 가액 또는 보증인의 지급능력 감소, 그 밖의 사유로 그 **납세담보로써 지방자치단체의 징수금의 납부를 담보할 수 없다고 인정**하면 담보를 제공한 자에게 **담보물의 추가제공** 또는 **보증인의 변경을 요구**할 수 있다(지방세기본법 68 ②).

4.3 납세담보의 변경승인신청 또는 납세담보물의 추가제공·보증인의 변경요구

납세담보의 변경승인 신청 또는 납세담보물의 추가제공이나 보증인의 변경의 요구는 **문서**로 하여야 한다(지방세기본령 47 ②).

5. 담보에 의한 납부와 징수

5.1 담보에 따른 납부

납세담보로써 금전을 제공한 자는 그 금전으로 담보한 **지방자치단체의 징수금을 납부**할 수 있다(지방세기본법 69 ①).

납세담보로 제공한 금전으로 지방자치단체의 징수금을 납부하려는 자는 그 뜻을 적은 **문서**로 지방자치단체의 장에게 **신청**하여야 한다. 이 경우 신청한 금액에 상당하는 지방자치단체의 징수금을 **납부**한 것으로 본다(지방세기본령 47 ①).

5.2 담보에 따른 징수

지방자치단체의 장은 납세담보를 제공받은 지방자치단체의 징수금이 **담보의 기간 내에 납부되지 아니하면** 그 담보로써 그 **지방자치단체의 징수**

금을 징수한다(지방세기본법 69 ②).

지방자치단체의 장은 납세담보로 지방자치단체의 징수금을 징수하려는 경우 납세담보가 **금전**이면 그 금전을 해당 지방자치단체의 징수금에 충당하고, 납세담보가 **금전 외의 것**이면 다음의 구분에 따른 방법으로 징수하거나 환가한 금전을 해당 지방자치단체의 징수금에 충당한다(지방세기본령 48 ②).

① 국채·지방채나 그 밖의 유가증권, 토지, 주택, 주택 외의 건물, 선박, 항공기, 건설기계 또는 공장재단·광업재단인 경우: 「지방세징수법」에서 정하는 공매절차에 따라 매각

② 납세보증보험증권인 경우: 해당 납세보증보험사업자에게 보험금의 지급을 청구

③ 납세보증서인 경우: 납세보증인으로부터의 징수절차에 따라 징수

납세담보를 환가한 금액이 징수할 **지방자치단체의 징수금을 충당하고 남는 경우**에는 「지방세징수법」에서 정하는 공매대금의 배분방법에 따라 **배분**한 후 납세자에게 **지급**한다(지방세기본령 48 ③).

6. 담보의 해제

지방자치단체의 장은 납세담보를 제공받은 **지방자치단체의 징수금이 납부**되면 **지체 없이 담보해제 절차**를 밟아야 한다(지방세기본법 70).

납세담보의 해제는 그 뜻을 적은 **문서**를 납세담보를 제공한 자에게 **통지**함으로써 한다. 이 경우 납세담보를 제공할 때 제출한 관계 서류가 있으면 그 서류를 첨부하여야 한다(지방세기본령 49 ①). **저당권의 등기 또는 등록을 촉탁한 경우**에는 문서로 등기·등록 관서에 **저당권 말소의 등기 또는 등록을 촉탁**하여야 한다(지방세기본령 49 ②).

제6장 지방세와 다른 채권의 관계

제1절 지방세의 우선

1. 지방세의 우선권과 예외

지방세우선권은 납세자의 재산을 강제매각절차에 따라 매각하는 경우 그 매각대금에 대하여 지방세채권과 다른 공과금이나 그 밖의 채권이 경합되는 경우 지방채권을 다른 채권에 우선하여 징수하는 것을 말한다. 다만, 조세채권의 우선권이 지나치게 인정되면 사적 거래의 안전이 침해될 수 있으므로 지방세우선권의 예외규정을 두어 이를 배제하고 있다.

지방자치단체의 징수금은 다른 공과금과 그 밖의 채권에 우선하여 징수한다. 다만, 다음에 해당하는 공과금이나 그 밖의 채권에 대해서 우선하지 아니한다.

① 선집행 국세·공과금의 체납처분비의 우선

② 공익비용(강제집행·경매 또는 파산절차에 소요된 비용)의 우선

③ 법정기일 전에 설정된 전세권·질권 또는 저당권에 의하여 담보된 채권

④ 가등기에 의하여 담보된 채권의 우선

⑤ 소액주택·상가임차보증금 중 일정액의 우선

⑥ 최종 3월분 임금채권 등의 우선

2. 지방세의 우선 징수

2.1 지방세의 우선

지방자치단체의 징수금은 다른 공과금과 그 밖의 채권에 **우선하여 징수**

한다(지방세기본법 71 ① 본문).

2.2 지방세 우선의 예외

지방자치단체의 징수금은 다음의 어느 하나에 해당하는 공과금과 그 밖의 채권에 대하여는 **우선징수하지 아니한다**(지방세기본법 71 ① 단서).

① 국세 또는 공과금의 체납처분을 하여 그 체납처분 금액에서 지방자치단체의 징수금을 징수하는 경우의 그 국세 또는 공과금의 **가산금 또는 체납처분비**

② 강제집행·경매 또는 파산절차에 따른 재산을 매각하여 그 매각금액에서 지방자치단체의 징수금을 징수하는 경우의 해당 **강제집행·경매 또는 파산절차에 든 비용**

③ 다음에 해당하는 기일(**법정기일**) **전에 전세권·질권·저당권의 설정**을 등기·등록한 사실 또는 「주택임대차보호법」 및 「상가건물 임대차보호법」에 따른 대항요건과 임대차계약증서상의 확정일자를 갖춘 사실이 증명[1]되는 재산을 매각하여 그 매각금액 중 지방세와 가산금(그 재산에 대하여 부과된 지방세와 가산금은 제외)을 징수하는 경우의 그 **전세권·질권·저당권에 따라 담보된 채권, 등기 또는 확정일자를 갖춘 임대차계약증서상의 보증금**

㉠ 과세표준과 세액의 신고에 의하여 납세의무가 확정되는 지방세의 경우 신고한 해당 세액에 대하여는 그 신고일

㉡ 과세표준과 세액을 지방자치단체가 결정·경정 또는 수시부과결정하는 경우에 고지한 해당 세액에 대하여는 그 납세고지서의 발송일

㉢ 특별징수의무자로부터 징수하는 지방세의 경우에는 ㉠ 및 ㉡의 기일과 관계없이 그 납세의무의 확정일

---

1) 전세권·질권·저당권의 설정을 등기·등록한 사실 또는 「주택임대차보호법」 및 「상가건물 임대차보호법」에 따른 대항요건과 임대차계약증서상의 확정일자를 갖춘 사실은 다음의 어느 하나에 해당하는 것으로 **증명**한다(지방세기본령 50 ①).

① 등기사항증명서

② 공증인의 증명

③ 질권에 대한 증명으로서 지방자치단체의 장이 인정하는 것

④ 금융회사 등의 장부 등으로 증명되는 것으로서 지방자치단체의 장이 인정하는 것

⑤ 그 밖에 공부(公簿)상으로 증명되는 것

㉣ 양도담보재산 또는 제2차납세의무자의 재산에서 지방세를 징수하는 경우에는 납부통지서의 발송일

㉤ 납기전징수 사유에 해당하여 납세의무가 확정되리라고 추정되는 금액을 한도로 납세자의 재산을 압류한 경우에 그 압류와 관련하여 확정된 세액에 대해서 ㉠부터 ㉣까지의 기일과 관계없이 그 압류등기일 또는 등록일

④ 「주택임대차보호법」 또는 「상가건물 임대차보호법」이 적용되는 임대차관계에 있는 주택 또는 건물을 매각하여 그 매각금액에서 지방세와 가산금을 징수하는 경우에는 **임대차에 관한 보증금 중 일정액으로서 각 규정에 따라 임차인이 우선하여 변제받을 수 있는 금액**에 관한 채권2)

⑤ 사용자의 재산을 매각하거나 추심하여 그 매각금액 또는 추심금액에서 지방세와 가산금을 징수하는 경우에는 「근로기준법」 및 「근로자퇴직급여 보장법」에 따라 **지방세와 가산금에 우선하여 변제되는 임금, 퇴직금, 재해보상금**

2.3 가등기가 되어 있는 재산을 압류하는 경우

납세의무자를 등기의무자로 하고 채무불이행을 정지조건으로 하는 대물변제의 예약을 근거로 하여 권리이전의 청구권 보전을 위한 가등기(가등록을 포함)와 그 밖에 이와 유사한 담보의 대상으로 된 가등기가 되어 있는 재산을 압류하는 경우에 그 가등기를 근거로 한 본등기가 압류 후에 되었을 때에는 그 가등기의 권리자는 그 재산에 대한 체납처분에 대하여

---

2) 지방자치단체의 장은 지방세에 우선하는 채권과 관계있는 재산을 압류한 경우에는 그 사실을 해당 채권자에게 다음 각 사항을 적은 **문서**로 통지하여야 한다. 다만, 최종 3월분 임금채권 등의 채권을 가진 자가 여러 명인 경우에는 지방자치단체의 장이 선정하는 **대표자에게 통지**할 수 있으며 통지를 받은 대표자는 공고 또는 게시의 방법으로 그 사실을 해당 채권의 다른 채권자에게 알려야 한다(지방세기본령 50 ②).
① 체납자의 성명과 주소 또는 영업소
② 압류와 관계되는 지방세의 과세연도·세목·세액과 납부기한
③ 압류재산의 종류·수량 및 품질과 소재지
④ 압류 연월일

그 가등기를 근거로 한 권리를 주장할 수 없다. 다만, 지방세 또는 가산금(그 재산에 대하여 부과된 지방세와 가산금은 제외)의 법정기일 전에 가등기된 재산의 경우에는 그 권리를 주장할 수 있다(지방세기본법 71 ②).

지방자치단체의 장은 가등기 재산을 압류하거나 공매할 때에는 가등기 권리자에게 지체 없이 알려야 한다(지방세기본법 71 ③).[3)]

2.4 사해행위의 취소와 통정한 거짓계약의 추정

지방자치단체의 장은 납세자가 제3자와 짜고 거짓으로 그 재산에 대하여 임대차계약, 전세권·질권 또는 저당권의 설정계약, 가등기설정계약 또는 양도담보설정계약을 하고 **확정일자**를 갖추거나 그 **등기 또는 등록** 등을 하여 그 재산의 매각금액으로 지방자치단체의 징수금을 징수하기 어렵다면 그 **행위의 취소를 법원에 청구**할 수 있다. 이 경우 납세자가 지방세의 법정기일 전 1년 내에 특수관계인과 「주택임대차보호법」 또는 「상가건물 임대차보호법」에 따른 임대차계약, 전세권·질권 또는 저당권의 설정계약, 가등기설정계약 또는 양도담보설정계약을 한 경우에는 **상대방과 짜고 한 거짓계약으로 추정**한다(지방세기본법 71 ④).

2.5 그 재산에 대하여 부과된 지방세

그 재산에 대하여 부과된 지방세는 지방세 중 재산세·자동차세(자동차 소유에 대한 자동차세만 해당)·지역자원시설세(특정 부동산에 대한 지역자원시설세만 해당) 및 지방교육세(재산세와 자동차세에 부가되는 지방교육세만 해당)를 말한다(지방세기본법 71 ⑤).

3. 직접 체납처분비의 우선

지방자치단체의 징수금 체납으로 인하여 납세자의 재산에 대한 체납처분을 하였을 경우에 그 체납처분비는 전세권·질권 또는 저당권에 의하여

---

3) 가등기권리자에 대한 압류의 통지는 압류조서의 기재사항을 적은 문서로 한다(지방세기본령 50 ③)

담보된 채권 및 납세담보된 재산의 우선규정에도 불구하고 다른 지방자치단체의 징수금과 국세 및 그밖의 채권에 우선하여 징수한다(지방세기본법 72).

4. 압류에 의한 우선

지방자치단체의 징수금의 체납처분에 의하여 납세자의 재산을 압류한 후 다른 지방자치단체의 징수금 또는 국세의 교부청구가 있으면 **압류에 관계되는 지방자치단체의 징수금**은 교부청구한 다른 지방자치단체의 징수금 또는 국세에 우선하여 징수한다(지방세기본법 73 ①).

다른 지방자치단체의 징수금 또는 국세의 체납처분에 의하여 납세자의 재산을 압류한 후 지방자치단체의 징수금 교부청구가 있으면 **교부청구한 지방자치단체의 징수금**은 압류에 관계되는 지방자치단체의 징수금 또는 국세의 다음으로 징수한다(지방세기본법 73 ②).

5. 담보가 있는 지방세의 우선

납세담보가 되어 있는 재산을 매각하였을 때에는 압류에 의한 우선 규정에도 불구하고 해당 지방자치단체에서 다른 지방자치단체의 징수금과 국세에 우선하여 징수한다(지방세기본법 74).

지방세 상호간 우선순위	비 고
① 담보에 관계된 지방세(담보된 지방세)	담보에 관계된 조세는 압류에 관계된 조세에 우선하여 징수함
② 체납처분한 지방세(압류에 관계된 지방세)	
③ 교부청구(또는 참가압류)한 지방세	

제2절 물적 납세의무 등

1. 양도담보권자의 물적 납세의무의 의의

양도담보권자의 물적 납세의무는 납세자의 인적 요건을 고려함이 없이 양도담보재산이라는 물적 요건에 의해서만 납부책임을 지우므로 물적 납세의무라고 한다. 양도담보권자의 물적 납세의무는 본래의 납세자가 납부하여야 할 국세 등을 제3자인 양도담보권자(채권자)가 납세의무를 진다는 점에서 납세의무의 확장이며, (본래의) 납세자의 다른 재산으로 징수할 금액에 부족한 경우에 한해 보충적으로 납세의무를 진다는 점에서 제2차 납세의무와 유사하다. 그러나 양도담보재산이라는 특정 재산에 한하여 징세기술상의 편의로 인하여 제2차 납세의무의 법리를 차용한 것에 불과하므로 제2차 납세의무와는 다르다.

양도담보는 금전을 대차(대여·차입)함에 있어서 채무자(양도담보설정자)가 담보로 재산(동산·부동산 등)을 채권자(양도담보권자)에게 양도하고 약정된 기간 내에 그 채무를 이행하면 목적물을 반환받고, 이행하지 아니하면 그 재산을 환가·정산하는 채권담보방법을 말한다.

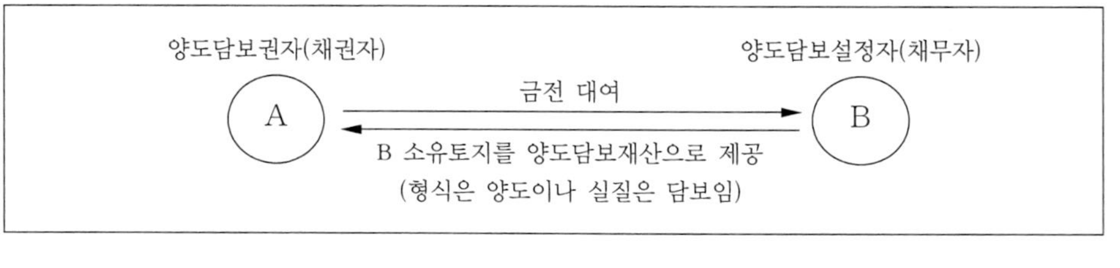

2. 양도담보권자의 물적 납세의무

2.1 양도담보권자의 물적 납세의무

납세자가 지방자치단체의 징수금을 체납한 경우에 그 납세자에게 양도담보재산이 있을 때에는 그 납세자의 다른 재산에 대하여 체납처분을 집행하고도 징수할 금액이 부족한 경우에만 그 양도담보재산으로써 납세자의 지방자치단체의 징수금을 징수할 수 있다. 다만, 지방자치단체의 징수금의 법정기일 전에 담보의 대상이 된 양도담보재산에 대하여는 지방자치단체의 징수금을 징수할 수 없다(지방세기본법 75 ①).

2.2 양도담보재산

양도담보재산은 당사자 간의 양도담보설정계약에 따라 납세자가 그 재산을 양도한 때에 실질적으로 양도인에 대한 채권담보의 대상이 된 재산으로 한다(지방세기본법 75 ②).

제7장 납세자의 권리

제1절 납세자의 권리

1. 납세자의 권리

현행 세법은 조세를 납세의무 측면을 중심으로 규정하고 있고 과세관청도 조세의 부과·징수 등의 절차에서 납세자의 권익을 침해하는 경우가 적지 않다. 이에 따라 납세자의 권익 침해를 방지하고 납세자의 권리를 보장하는 납세자 권리에 대한 장을 신설하여 납세자의 권리를 정비하고 지방자치단체의 장이 납세자권리헌장을 제정·고시하여 범칙사건의 조사, 세무조사 등에 납세자의 권리헌장이 수록된 문서를 납세자에게 교부하도록 하고 있다.

2. 납세자권리헌장의 제정 및 교부

2.1 납세자권리헌장의 제정 및 고시

지방자치단체의 장은 다음의 사항과 그 밖에 납세자의 권리보호에 관한 사항을 포함하는 **납세자권리헌장을 제정하여 고시**하여야 한다(지방세기본법 76 ①).

① 납세자의 성실성 추정(지방세기본법 78)
② 납세자의 협력의무(지방세기본법 79)
③ 조사권의 남용 금지(지방세기본법 80)
④ 세무조사 등에 도움을 받을 권리(지방세기본법 81)
⑤ 세무조사 대상자 선정(지방세기본법 82)

⑥ 세무조사의 사전통지와 연기신청(지방세기본법 83)
⑦ 세무조사 기간(지방세기본법 84)
⑧ 세무조사 등의 결과통지(지방세기본법 85)
⑨ 비밀유지(지방세기본법 86)
⑩ 납세자 권리행사에 필요한 정보의 제공(지방세기본법 87)

2.2 납세자권리헌장의 교부

세무공무원은 다음의 어느 하나에 해당하는 경우에는 납세자권리헌장의 내용이 수록된 **문서**를 납세자에게 **내주어야 한다**(지방세기본법 76 ②).
① 지방세에 관한 범칙사건(**범칙사건**)**을 조사하는 경우**
② 지방세의 부과·징수에 필요한 조사(**세무조사**)**를 하는 경우**

세무공무원은 범칙사건조사나 세무조사를 시작할 때 신분을 증명하는 증표를 납세자 또는 관계인에게 제시한 후 납세자권리헌장을 교부하고 그 요지를 직접 낭독해 주어야 하며, 조사사유, 조사기간, 납세자보호관의 납세자 권리보호 업무에 관한 사항·절차 및 권리구제 절차 등을 설명하여야 한다(지방세기본법 76 ③).
세무공무원은 범칙사건조사나 세무조사를 서면으로 하는 경우에는 위의 규정에 따라 낭독해 주어야 하는 납세자권리헌장의 요지와 설명하여야 하는 사항을 납세자 또는 관계인에게 서면으로 알려주어야 한다(지방세기본법 76 ④).

3. 납세자의 권리보호

3.1 납세자의 권리보호

지방자치단체의 장은 직무를 수행할 때 **납세자의 권리가 보호되고 실현될 수 있도록** 하여야 한다(지방세기본법 77 ①).

3.2 납세자보호관의 배치

지방자치단체의 장은 납세자보호관을 배치하여 지방세 관련 고충민원의 처리, 세무상담 등 납세자 권리보호업무를 전담하여 수행하게 하여야 한다(지방세기본법 77 ②).

3.2 납세자보호관의 업무·권한·자격 등

납세자 권리보호업무는 다음 각 업무를 말한다(지방세기본령 51의 2 ①).

① 지방세 관련 고충민원의 처리, 세무상담 등에 관한 사항

② 세무조사·체납처분 등 권리보호요청에 관한 사항

③ 납세자권리헌장 준수 등에 관한 사항

④ 세무조사 기간 연장 및 연기에 관한 사항

⑤ 그 밖에 납세자 권리보호와 관련하여 조례로 정하는 사항

납세자보호관이 납세자 권리보호 업무를 처리하기 위한 **권한**은 다음과 같다(지방세기본령 51의 2 ②).

① 위법·부당한 처분에 대한 시정요구

② 위법·부당한 세무조사의 일시중지 요구 및 중지 요구

③ 위법·부당한 처분이 행하여 질 수 있다고 인정되는 경우 그 처분 절차의 일시중지 요구

④ 그 밖에 납세자의 권리보호와 관련하여 조례로 정하는 사항

납세자보호관은 지방자치단체 소속 공무원 또는 조세·법률·회계 분야의 전문지식과 경험을 갖춘 사람 중에서 그 직급 또는 경력 등을 고려하여 해당 지방자치단체의 조례로 정하는 바에 따라 지방자치단체의 장이 임명하거나 위촉한다(지방세기본령 51의 2 ③).

지방자치단체의 장은 납세자보호관의 납세자 권리보호 업무 추진실적을 통계자료의 공개시기 및 방법에 준하여 정기적으로 공개하여야 한다(지방세기본령 51의 2 ④).

4. 납세자의 성실성 추정

세무공무원은 납세자가 다음의 어느 하나에 해당하는 경우를 **제외**하고는 **납세자가 성실하며 납세자가 제출한 서류 등이 진실한 것으로 추정**하여야 한다(지방세기본법 78).

① 납세자가 「지방세기본법」 또는 지방세관계법에서 정하는 신고·납부, 담배의 제조·수입 등에 관한 장부의 기록 및 보관 등 납세협력의무를 이행하지 아니한 경우

② 납세자에 대한 구체적인 탈세제보가 있는 경우

③ 신고내용에 탈루나 오류의 혐의를 인정할 만한 명백한 자료가 있는 경우

5. 납세자의 협력의무

납세자는 **세무공무원의 적법한 질문·조사, 제출명령**에 대하여 **성실하게 협력**하여야 한다(지방세기본법 79).

제2절 세무조사

1. 세무조사

세무조사는 지방자치단체가 납세자의 납세의무 성립요건 사실에 대해 조사확인하는 절차를 말하며, 세무공무원의 질문·검사권과 「조세법처벌절차법」에 따른 심문, 영치, 수색, 압수 등이 이루어지기도 한다.

2. 조사권의 남용 금지

2.1 세무조사권의 남용 금지

지방자치단체의 장은 적절하고 공평한 과세의 실현을 위하여 필요한 최소한의 범위에서 세무조사를 하여야 하며, 다른 목적 등을 위하여 조사권을 남용하여서는 아니 된다(지방세기본법 80 ①).

2.2 재조사 금지의 예외

지방자치단체의 장은 다음 각 경우가 아니면 같은 세목 및 같은 과세연도에 대하여 재조사를 할 수 없다(지방세기본법 80 ②, 지방세기본령 52).

① 지방세 탈루의 혐의를 인정할 만한 명백한 자료가 있는 경우

② 거래상대방에 대한 조사가 필요한 경우

③ 둘 이상의 사업연도와 관련하여 잘못이 있는 경우

④ 과세전적부심사, 이의신청 또는 심사청구가 이유 있다고 인정될 때에는 신청·청구의 대상이 된 처분의 취소, 경정 또는 필요한 처분의 결정(이의신청 및 심사청구와 심판청구에 관한 「국세기본법」의 준용규정에서 준용하는 심사청구에 관한 규정을 준용하는 경우를 포함)에 따른 필요한 처분의 결정에 따라 조사를 하는 경우

⑤ 납세자가 세무공무원에게 직무와 관련하여 금품을 제공하거나 금품

제공을 알선한 경우

⑥ 그 밖에 ①부터 ⑤까지의 경우와 유사한 경우로서 다음의 어느 하나에 해당하는 경우

㉠ 지방세에 관한 범칙사건을 조사(**범칙사건조사**)하는 경우

㉡ 지방세의 부과·징수에 필요한 조사(**세무조사**) 중 서면조사만 하였으나 「지방세기본법」 또는 지방세관계법에 따른 경정을 다시 할 필요가 있는 경우

㉢ 각종 과세정보의 처리를 위한 재조사나 지방세환급금의 결정을 위한 확인조사 등을 하는 경우

2.3 증표의 제시

세무공무원은 범칙사건조사나 세무조사를 시작할 때 그 **신분을 표시하는 증표**를 납세자 또는 관계인에게 보여 주어야 하며, 납세자보호관의 업무·처리절차 및 권리구제 절차 등을 설명하여야 한다(지방세기본법 80 ③).

2.4 공정한 세무조사의 저해행위 금지

누구든지 세무공무원으로 하여금 법령을 위반하게 하거나 지위 또는 권한을 남용하게 하는 등 **공정한 세무조사를 저해하는 행위를 하여서는 아니 된다**(지방세기본법 80 ④).

3. 세무조사 등에 따른 도움을 받을 권리

납세자는 범칙사건조사 및 세무조사를 받는 경우에 **변호사**, **공인회계사**, **세무사**로 하여금 조사에 참석하게 하거나 의견을 진술하게 할 수 있다(지방세기본법 81).

4. 세무조사 대상자 선정

4.1 정기선정에 의한 조사

지방자치단체의 장은 다음의 어느 하나에 해당하는 경우에 정기적으로 신고의 적정성을 검증하기 위하여 대상을 선정(**정기선정**)하여 **세무조사**를 할 수 있다. 이 경우 지방자치단체의 장은 객관적 기준에 따라 공정하게 그 대상을 선정하여야 한다(지방세기본법 82 ①).

① 지방자치단체의 장이 납세자의 신고내용에 대한 성실도 분석결과 불성실 혐의가 있다고 인정하는 경우

② 최근 4년 이상 지방세와 관련한 세무조사를 받지 아니한 납세자에 대하여 업종, 규모 등을 고려하여 정하는 바에 따라 신고내용이 적절한지를 검증할 필요가 있는 경우. 이 규정에 따라 실시하는 세무조사는 납세자의 이력, 사업현황, 과세정보 등을 고려하여 지방자치단체의 장이 정하는 기준에 따른다(지방세기본령 53).

③ 무작위추출방식으로 표본조사를 하려는 경우

4.2 정기선정에 의한 조사 외의 조사: 수시선정에 의한 세무조사

지방자치단체의 장은 **정기선정에 의한 조사 외**에 다음의 어느 하나에 해당하는 경우에는 세무조사를 할 수 있다(지방세기본법 82 ②).

① 납세자가 「지방세기본법」 또는 지방세관계법에서 정하는 신고·납부, 담배의 제조·수입 등에 관한 장부의 기록 및 보관 등 납세협력의무를 이행하지 아니한 경우

② 납세자에 대한 구체적인 탈세제보가 있는 경우

③ 신고내용에 탈루나 오류의 혐의를 인정할 만한 명백한 자료가 있는 경우

④ 납세자가 세무조사를 신청하는 경우

5. 세무조사의 사전통지와 연기신청

5.1 세무조사의 사전통지

(1) 사전통지

세무공무원은 지방세에 관한 세무조사를 하는 경우에는 조사를 받을 납세자(납세관리인이 정해져 있는 경우에는 납세관리인을 포함)에게 **조사를 시작하기 15일 전까지 조사대상 세목, 조사기간, 조사 사유 및 그 밖에 일정한 사항**을 알려야 한다(지방세기본법 83 ① 본문, 지방세기본령 54 ①).

① 납세자 및 납세관리인의 성명과 주소 또는 영업소
② 조사대상 기간
③ 세무조사를 수행하는 세무공무원의 인적사항
④ 그 밖에 필요한 사항

(2) 사전통지의 생략

다만, 사전에 알릴 경우 **증거인멸 등으로 세무조사의 목적을 달성할 수 없다고 인정되는 경우**에는 **사전통지를 생략**할 수 있다(지방세기본법 83 ① 단서).

세무공무원은 사전통지를 생략하고 세무조사를 하는 경우 세무조사를 개시할 때 다음의 사항이 포함된 세무조사통지서를 세무조사를 받을 납세자에게 교부하여야 한다(지방세기본법 83 ④ 본문).

① 사전통지 사항
② 사전통지를 하지 아니한 사유

다만, 다음의 어느 하나에 해당하는 경우에는 그러하지 아니하다(지방세기본법 83 ④ 단서, 지방세기본령 54 ④).

① 납세자가 세무조사 대상이 된 사업을 폐업한 경우
② 납세자가 납세관리인을 정하지 않은 경우로서 국내에 주소 또는 거소를 두지 않은 경우
③ 납세자 또는 납세관리인이 세무조사통지서의 수령을 거부하거나 회피하는 경우

5.2 세무조사의 연기신청

세무조사의 사전통지를 받은 납세자가 다음의 어느 하나에 해당하는 **사유**로 **조사를 받기 곤란한 경우**에는 지방자치단체의 장에게 **조사를 연기하여 줄 것을 신청**할 수 있다(지방세기본법 84 ②, 지방세기본령 54 ②).[4)]

① 천재지변
② 화재 및 도난, 그 밖의 재해로 사업상 중대한 어려움이 있는 경우
③ 납세자 또는 납세관리인의 질병, 중상해, 장기출장 등으로 세무조사를 받는 것이 곤란하다고 판단되는 경우
④ 권한 있는 기관에 장부·서류가 압수되거나 영치된 경우
⑤ ②부터 ④까지에 준하는 사유가 있는 경우

세무조사의 연기신청을 받은 지방자치단체의 장은 그 승인 여부를 결정하고 그 결과를 **조사를 시작하기 전까지** 납세자에게 알려야 한다(지방세기본법 83 ③).

6. 세무조사 기간

6.1 세무조사 기간

지방자치단체의 장은 조사대상 세목·업종·규모, 조사 난이도 등을 고려하여 세무조사 기간은 **20일 이내**로 하여야 한다(지방세기본법 84 ① 본문).

---

4) **세무조사의 연기신청**: 세무조사를 연기하여 줄 것을 신청하려는 자는 다음 각 사항을 적은 **신청서**를 해당 지방자치단체의 장에게 제출하여야 한다(지방세기본령 54 ③).
① 세무조사를 연기받으려는 자의 성명과 주소 또는 영업소
② 세무조사를 연기받으려는 기간
③ 세무조사를 연기받으려는 사유
④ 그 밖에 필요한 사항

6.2 세무조사 기간의 연장

다음의 어느 하나에 해당하는 사유가 있는 경우에는 그 **사유가 해소되는 날부터 20일 이내**로 세무조사 기간을 **연장**할 수 있다(지방세기본법 84 ① 단서).

① 납세자가 장부·서류 등의 은닉, 제출지연, 제출거부 등 조사를 기피하는 행위가 명백한 경우

② 거래처 조사, 거래처 현지 확인 또는 금융거래 현지 확인이 필요한 경우

③ 지방세 탈루 혐의가 포착되거나 조사 과정에서 범칙사건조사로 조사 유형이 전환되는 경우

④ 천재지변, 노동쟁의로 조사가 중단되는 등 지방자치단체의 장이 정하는 사유에 해당하는 경우

⑤ 세무조사 대상자가 세금 탈루 혐의에 대한 해명 등을 위하여 세무조사 기간의 연장을 신청한 경우

⑥ 납세자보호관이 세무조사 대상자의 세금 탈루 혐의의 해명과 관련하여 추가적인 사실 확인이 필요하다고 인정하는 경우

지방자치단체의 장은 세무조사 기간을 연장할 때에는 연장사유와 그 기간을 미리 납세자(납세관리인이 정해져 있는 경우에는 납세관리인을 포함)에게 **문서로 통지**하여야 한다(지방세기본법 84 ⑤).

6.3 세무조사의 중지와 재개

(1) 세무조사의 중지

지방자치단체의 장은 납세자가 다음의 어느 하나에 해당하는 사유로 **세무조사를 진행하기 어려운 경우**에는 세무조사를 **중지**할 수 있다. 이 경우 그 중지기간은 세무조사 기간 및 세무조사 연장기간에 산입하지 아니한다(지방세기본법 84 ②, 지방세기본령 55).

① 납세자가 자료의 제출을 지연하는 경우

② 세무조사 연기신청 사유에 해당되어 납세자가 세무조사 중지를 신청한 경우

③ 국외자료의 수집 · 제출 또는 상호합의절차 개시에 따라 외국 과세기

관과의 협의가 필요한 경우

④ 다음의 어느 하나에 해당하여 세무조사를 정상적으로 진행하기 어려운 경우

㉠ 납세자의 소재를 알 수 없는 경우

㉡ 납세자가 해외로 출국한 경우

㉢ 납세자가 장부 · 서류 등을 은닉하거나 그 제출을 지연 또는 거부한 경우

㉣ 노동쟁의가 발생한 경우

㉤ 그 밖에 이와 유사한 사유가 있는 경우

⑤ 위법·부당한 세무조사의 일시중지 요구 및 중지 요구에 따라 납세자보호관이 세무조사의 일시중지 또는 중지 요구를 하는 경우

지방자치단체의 장은 세무조사를 중지할 때에는 중지사유를 납세자(납세관리인이 정해져 있는 경우에는 납세관리인을 포함)에게 **문서로 통지**하여야 한다(지방세기본법 84 ⑤).

③ 세무공무원은 제2항에 따른 세무조사의 중지기간 중에는 납세자에 대하여 세무조사와 관련한 질문을 하거나 장부 등의 검사 · 조사 또는 그 제출을 요구할 수 없다(지방세기본법 84 ③).

(2) 세무조사의 재개

지방자치단체의 장은 세무조사를 중지한 경우에는 그 **중지사유가 소멸**되면 **즉시 조사를 재개**하여야 한다. 다만, **조세채권의 확보 등 긴급히 조사를 재개하여야 할 필요가 있는 경우**에는 중지사유가 소멸되기 전이라도 세무조사를 재개할 수 있다(지방세기본법 84 ④).

지방자치단체의 장은 세무조사를 재개할 때에는 재개사유를 납세자(납세관리인이 정해져 있는 경우에는 납세관리인을 포함)에게 **문서로 통지**하여야 한다(지방세기본법 84 ⑤).

(3) 세무조사의 조기종결

지방자치단체의 장은 **세무조사 기간을 단축하기 위하여 노력**하여야 하며, 장부기록 및 회계처리의 투명성 등 납세성실도를 검토하여 **더 이상 조사할 사항이 없다고 판단될 때**에는 **조사기간 종료 전이라도 조사를 조기**

에 **종결**할 수 있다(지방세기본법 84 ⑥).

7. 세무조사의 결과통지

7.1 세무조사의 결과통지

세무공무원은 범칙사건조사 및 세무조사(서면조사를 포함)를 마치면 다음의 사항이 포함된 **조사결과**를 **빠른 시일** 내에 **서면**으로 납세자(납세관리인이 정해져 있는 경우에는 납세관리인을 포함)에게 알려야 한다(지방세기본법 85 본문, 지방세기본령 56 ①).

① 세무조사 내용
② 결정 또는 경정할 과세표준, 세액 및 산출근거
③ 다음 각 사항
　㉠ 세무조사 대상 기간 및 세목
　㉡ 과세표준 및 세액을 결정 또는 경정하는 경우 그 사유
　㉢ 과세표준 수정신고서를 제출할 수 있다는 사실
　㉣ 과세전적부심사를 청구할 수 있다는 사실

7.2 세무조사의 결과통지 생략

납세자의 폐업 등 조사결과를 통지하기 곤란한 경우로서 다음의 어느 하나에 해당하는 경우에는 결과통지를 생략할 수 있다(지방세기본법 85 단서, 지방세기본령 56 ②).

① 납기 전 징수의 사유가 있는 경우
② 조사결과를 통지하려는 날부터 부과제척기간의 만료일 또는 징수권의 소멸시효 완성일까지의 기간이 3개월 이하인 경우
③ 납세자의 소재가 불명하거나폐업으로 통지가 불가능한 경우
④ 납세관리인을 정하지 아니하고 국내에 주소 또는 영업소를 두지 아니한 경우
⑤ 재조사 결정에 따라 조사를 마친 경우
⑥ 세무조사 결과 통지서의 수령을 거부하거나 회피하는 경우

8. 비밀유지

8.1 과세정보에 대한 비밀유지

세무공무원은 납세자가 「지방세기본법」 또는 지방세관계법에서 정한 납세의무를 이행하기 위하여 제출한 자료나 지방세의 부과 또는 징수를 목적으로 업무상 취득한 자료 등(**과세정보**)을 **다른 사람에게 제공 또는 누설하거나 목적 외의 용도로 사용하여서는 아니 된다**(지방세기본법 86 ① 본문).

8.2 과세정보의 제공

다음의 어느 하나에 해당하는 경우에는 그 **사용목적에 맞는 범위**에서 납세자의 과세정보를 **제공**할 수 있다(지방세기본법 86 ① 단서).

① 국가기관이 조세의 부과 또는 징수의 목적에 사용하기 위하여 과세정보를 요구하는 경우

② 국가기관이 조세쟁송을 하거나 조세범을 소추할 목적으로 과세정보를 요구하는 경우

③ 법원의 제출명령 또는 법관이 발급한 영장에 의하여 과세정보를 요구하는 경우

④ 지방자치단체 간에 지방세의 부과·징수, 조세쟁송, 조세범 소추, 세무조사 또는 질문·검사에 필요한 과세정보를 요구하는 경우

⑤ 행정안전부장관이 지방세 업무의 정보화, 지방세 운영에 대한 지도 및 「지방세징수법」 의 고액·상습체납자의 명단공개에 따른 업무를 처리하기 위하여 과세정보를 요구하는 경우

⑥ 통계청장이 국가통계 작성 목적으로 과세정보를 요구하는 경우

⑦ 「사회보장기본법」에 따른 사회보험의 운영을 목적으로 설립된 기관이 관련 법률에 따른 소관업무의 수행을 위하여 과세정보를 요구하는 경우

⑧ 국가기관, 지방자치단체 및 「공공기관의 운영에 관한 법률」에 따른

공공기관이 급부·지원 등을 위한 자격심사에 필요한 과세정보를 당사자의 동의를 받아 요구하는 경우

⑨ 그 밖에 다른 법률에 따라 과세정보를 요구하는 경우

①·②·④(지방세정보통신망을 이용하여 다른 지방자치단체의 장에게 과세정보를 요구하는 경우는 제외) 및 ⑥부터 ⑨까지의 경우에 **과세정보의 제공을 요구하는 자**는 다음 각 사항을 기재한 문서로 해당 지방자치단체의 장에게 요구하여야 한다(지방세기본법 86 ②).

① 납세자의 인적사항

② 사용목적

③ 요구하는 정보의 내용

8.3 과세정보의 부당한 제공요구에 대한 거부

과세정보에 대한 비밀유지 규정과 과세정보의 제공 **규정을 위반한 과세정보 제공을 요구**받으면 거부하여야 한다(지방세기본법 86 ③).

8.4 과세정보의 목적 외 용도 사용금지

사용 목적에 맞는 범위에서 납세자의 과세정보를 제공할 수 있는 경우에 해당하여 과세정보를 알게 된 자(행정안전부장관으로부터 과세정보를 제공받아 알게 된 자를 포함)는 이를 **다른 사람에게 제공 또는 누설하거나 그 사용목적 외의 용도로 사용해서는 아니 된다.** 다만, 행정안전부장관이 알게 된 과세정보를 지방세정보통신망을 이용하여 제공하는 경우에는 그러하지 아니하다(지방세기본법 86 ④).

8.5 준용

과세정보를 제공받아 알게 된 사람 중 **공무원이 아닌 사람**은 「형법」이나 그 밖의 법률에 따른 벌칙을 적용할 때에는 **공무원**으로 본다(지방세기본법 86 ⑤).

9. 납세자 권리행사에 필요한 정보의 제공

9.1 정보의 제공

세무공무원은 납세자(세무사 등 납세자로부터 세무업무를 위임받은 자를 포함)가 본인의 납세자의 권리 행사에 필요한 정보를 요구하는 경우 신속하게 제공하여야 한다(지방세기본법 87 ①).

9.2 제공 정보의 범위 등

세무공무원이 **제공하는 정보의 범위**는 다음 각 구분에 따른다(지방세기본령 57 ①).[5)]

① 납세자 본인이 요구하는 경우: 납세자 본인의 납세와 관련된 정보와 납세자 본인에 대한 체납처분, 행정제재 및 고발 등과 관련된 정보

② 납세자로부터 세무업무를 위임받은 자가 요구하는 경우: ①에 따른 정보로서 「개인정보 보호법」에 따른 민감정보에 해당하지 아니하는 정보

세무공무원은 정보를 제공하는 경우에는 주민등록증 등 **신분증명서**에 의하여 정보를 요구하는 자가 납세자 본인 또는 납세자로부터 세무업무를 위임받은 자임을 확인하여야 한다. 다만, 세무공무원이 정보통신망을 통하여 정보를 제공하는 경우에는 **전자서명** 등을 통하여 그 신원을 확인하여야 한다(지방세기본령 57 ②).

---

5) 지방소득세 납부내역을 제공받으려는 **비거주자** 또는 **외국법인**은 다음의 어느 하나에 해당하는 서류를 납세지를 관할하는 지방자치단체의 장에게 제출하여야 한다(지방세기본령 57 ③).

① 지방소득세를 납부한 영수증

② 특별징수의무자가 발급한 특별징수영수증 또는 특별징수명세서

③ 그 밖에 지방소득세를 납부한 사실을 확인할 수 있는 서류

납부내역 제공 요청을 받은 지방자치단체의 장은 위의 각 서류가 제출되지 아니하거나 지방소득세 납부내역을 알 수 없는 경우에는 납부내역을 제공하지 아니할 수 있다(지방세기본령 57).

제3절 과세전적부심사

1. 납세자의 권리와 사전구제제도

납세자의 권리에 규정된 권리 중 조세불복제도(조세구제제도)와 관련되는 권리는 납세자가 조세쟁송절차에서 입증책임을 경감받게 되는 성실성을 추정받을 권리와 납세자가 불복여부를 결정하는데 기초자료가 되는 세무조사의 결과를 통지받을 권리라 할 수 있다.

「지방세기본법」에 조세불복절차로서 이의신청·심사청구 또는 심판청구가 규정되어 있으나, 이들 제도는 부과처분이 있은 후의 구제수단(사후구제제도)이므로, 사전구제제도인 과세전적부심사제도를 제정·시행하여 납세자의 권리를 사전 구제받을 수 있는 제도적 장치를 마련하고 있다.

과세적부심사제도는 지방자치단체가 과세처분을 하기 전에 과세할 내용을 납세자에게 미리 통지하여 납세자가 이의가 있는 경우에는 과세적부심을 청구하도록 하여 그 심사결과 납세자의 주장이 타당한 경우에는 이를 고지전에 시정하여 납세자의 권익이 부당하게 침해되지 않도록 하는 제도이다.

결정 전 통지	지방자치단체가 세무조사 후 결정 전에 세무조사결과의 서면통지 또는 과세예고통지 등
적부심사청구	통지받은 자는 이의가 있는 경우 30일 이내에 지방자치단체의 장에게 과세전적부심사를 청구
적부심사 및 결정 내용 통지	• 지방자치단체의 장이 지방세심의위원회의 심사를 거친 후 결정 • 30일 이내 적부심사 결과를 청구인에 통지

2. 과세전적부심사의 청구

2.1 과세전적부심사의 청구

다음의 어느 하나에 해당하는 통지를 받은 자는 그 **통지를 받은 날부터 30일 이내**에 지방자치단체의 장에게 통지내용의 적법성에 관하여 심사(**과

세전적부심사)를 청구할 수 있다(지방세기본법 88 ①, 지방세기본령 58 ③ ④).

① 세무조사결과에 대한 서면통지
② 일정한 과세예고통지[3)]
③ 비과세 또는 감면의 신청을 반려하는 통지

2.2 과세표준 및 세액의 결정 등의 유보

과세전적부심사청구서를 제출받은 지방자치단체의 장은 그 청구부분에 대하여 과세전적부심사의 **결정이 있을 때까지 과세표준 및 세액의 결정이나 경정결정을 유보**하여야 한다. 다만, 과세전적부심사의 적용 제외 사유에 해당하는 경우에는 그러하지 아니하다(지방세기본령 58 ②).

2.3 과세전적부심사청구서의 제출

과세전적부심사를 청구하려는 자는 다음 각 사항을 적은 **과세전적부심사청구서에 증거서류나 증거물을 첨부**(증거서류나 증거물이 있는 경우에 한정함)하여 지방자치단체의 장(이의신청의 결정기관을 말함)에게 제출하여야 한다(지방세기본령 58 ①).

① 청구인의 성명과 주소 또는 영업소
② 세무조사결과에 대한 서면통지 등의 통지를 받은 날짜
③ 청구세액
④ 청구 내용 및 이유

---

3) **일정한 과세예고 통지**는 다음의 어느 하나에 해당하는 것을 말한다(지방세기본령 58 ③).
① 지방세 업무에 대한 감사나 지도·점검 결과 등에 따라 하는 과세예고 통지. 다만, 지방세 운영에 대한 지도 등(지방세기본법 150), 시정 등의 요구(감사원법 33), 위법·부당한 명령·처분의 시정(지방자치법 169) 및 지방자치단체의 자치사무에 대한 감사((지방자치법 171)에 따른 시정요구에 따라 과세처분하는 경우로서 시정요구 전에 과세처분 대상자가 지적사항에 대한 소명안내를 받은 경우는 제외한다.
② 세무조사에서 확인된 해당 납세자 외의 자에 대한 과세자료 및 현지 확인조사에 따라 하는 과세예고 통지

3. 과세전적부심사의 적용 제외

다음의 어느 하나에 해당하는 경우에는 과세전적부심사의 청구 규정을 적용하지 아니한다(지방세기본법 88 ②, 지방세기본령 58 ⑤).

① 납기전징수의 사유가 있거나 지방세관계법에서 규정하는 수시부과의 사유가 있는 경우

② 범칙사건조사를 하는 경우

③ 세무조사결과통지 및 과세예고통지를 하는 날부터 지방세 부과제척기간의 만료일까지의 기간이 3개월 이하인 경우

④ 그 밖에 법령과 관련하여 유권해석을 변경하여야 하거나 새로운 해석이 필요한 것 등 일정한 경우

ㄱ 법령과 관련하여 유권해석을 변경하여야 하거나 새로운 해석이 필요한 경우

ㄴ 「국제조세조정에 관한 법률」에 따라 조세조약을 체결한 상대국이 상호합의절차의 개시를 요청한 경우

ㄷ 「지방세기본법」 및 「국세기본법」에 따른 재조사 결정에 따라 조사하는 경우

4. 과세전적부심사의 결정과 통지

4.1 과세전적부심사의 결정

과세전적부심사청구를 받은 지방자치단체의 장은 지방세심의위원회의 심사를 거쳐 결정을 하고 그 결과를 **청구받은 날부터 30일 이내**에 청구인에게 알려야 한다. 이 경우 다음의 어느 하나에 해당하는 사유가 있으면 **30일의 범위 내**에서 1회에 한정하여 **심사기간을 연장**할 수 있다(지방세기본법 88 ③, 지방세기본령 58 ⑥).

① 다른 기관에 법령해석을 요청하는 경우

② 풍수해, 화재, 천재지변 등으로 지방세심의위원회를 소집할 수 없는

경우

③ 청구인의 요청이 있거나 관련 자료의 조사 등을 위하여 필요한 경우로서 지방세심의위원회에서 심사기간의 연장을 결정하는 경우

4.2 과세전적부심사의 결정종류

과세전적부심사청구에 대한 결정은 다음의 구분에 따른다(지방세기본법 88 ④).

구 분	사 유	내 용
불채택	**청구가 이유 없다**고 인정되는 경우	**채택하지 아니한다**는 결정
채택	**청구가 이유 있다**고 인정되는 경우	**채택하거나 일부 채택한다**는 결정. 다만, 다만, 구체적인 채택의 범위를 정하기 위하여 사실관계 확인 등 추가적으로 조사가 필요한 경우에는 과세전적부심사의 통지를 한 지방자치단체의 장으로 하여금 이를 재조사하여 그 결과에 따라 당초 통지 내용을 수정하여 통지하도록 하는 재조사 결정을 할 수 있음.
심사거부	청구기간이 지났거나 보정기간 내에 보정하지 아니하는 경우	심사하지 아니한다는 결정

4.3 조기 결정 또는 경정결정의 신청

세무조사결과에 대한 서면통지 등의 통지를 받은 자는 과세전적부심사를 청구하지 아니하고 그 통지를 한 지방자치단체의 장에게 **통지받은 내용대로 과세표준 및 세액을 조기에 결정 또는 경정결정을 하여 줄 것을 신청**할 수 있다. 이 경우 해당 지방자치단체의 장은 신청받은 내용의 전부 또는 일부에 대하여 즉시 결정 또는 경정결정을 하여야 한다(지방세기본법 88 ⑥).

4.4 준용규정

과세전적부심사에 관하여는 「행정심판법」[선정대표자(15), 청구인의 지위

승계(16), 심판참가(20), 심판참가의 요구(21), 참가인의 지위(22), 청구의 변경(29), 증거조사(36), 직권심리(39), 심리의 방식(40), 발언 내용 등의 비공개(41) 및 심판청구 등의 취하(42)]을 준용한다. 이 경우 "위원회"는 "지방세심의위원회"로 본다(지방세기본법 88 ⑤).

과세전적부심사에 관하여는 관계 서류의 열람 및 의견진술권(92), 이의신청 등의 대리인(93), 청구기한의 연장 등(94 ②), 보정요구(95) 및 결정 등(96 ① 단서, ④, ⑤)을 준용한다(지방세기본법 88 ⑦).

제8장 이의신청 및 심사청구와 심판청구

제1절 조세불복제도

1. 조세불복제도의 의의

조세법률관계는 과세요건 등이 법률에 의해 규율되므로, 「지방세기본법」은 과세관청으로부터 위법 또는 부당한 처분을 받거나 필요한 처분을 받지 못함으로 권리나 이익이 침해되는 경우 일반 행정상의 권리구제제도인 「행정심판법」의 규정을 적용하지 아니하고 「지방세기본법」이 정하는 이의신청·심사청구 또는 심판청구라는 제도에 의해 권리를 구제받도록 규정하고 있다. 이를 조세불복제도, 조세행정상의 권리구제제도라 한다.

2. 지방세불복의 구분

지방세불복에는 행정기관에 대한 지방세불복과 사법기관에 대한 지방세불복이 있다.

2.1 행정기관에 대한 지방세불복

행정기관에 대한 지방세불복은 지방자치단체에 대한 지방세불복, 감사원에 대한 지방세불복과 지방자치단체의 직권처분이 있다.

(1) 지방자치단체에 대한 지방세불복

지방자치단체에 대한 지방세불복에는 이의신청 및 심사청구가 있으며, 심판청구는 조세심판원에 한다. 심사청구 또는 심판청구를 거치면 소송을 제기할 수 있다.

(2) 감사원에 대한 지방세불복

지방세를 담당하는 지방자치단체는 감사원의 감사대상이기 때문에 지방자치단체가 부과처분한 지방세는 감사원의 심사청구 대상이 된다.

(3) 지방자치단체의 직권처분

지방자치단체의 직권처분은 지방자치단체가 위법부당한 과세처분을 스스로 취소, 변경하는 것을 말한다.

2.2 사법기관에 대한 지방세불복

사법기관에 대한 지방세불복은 지방세불복 행정소송이 있다. 지방세불복의 경우 심사청구 또는 심판청구를 거치지 아니하고 행정소송을 제기할 수 있다.

제2절 지방세불복 절차

1. 지방세불복의 청구대상

1.1 청구대상

「지방세기본법」 또는 지방세관계법에 따른 처분으로서 **위법·부당한 처분**을 받았거나 **필요한 처분을 받지 못하여 권리 또는 이익을 침해당한 자**는 이의신청, 심사청구 또는 심판청구를 할 수 있다(지방세기본법 89 ①).

1.2 청구 제외 대상

다음 각 처분은 이의신청 등의 청구대상 처분에 포함되지 아니한다(지방세기본법 89 ②).

① 이의신청, 심사청구 또는 심판청구에 대한 처분(당초 처분의 적법성에 관하여 재조사하여 그 결과에 따라 과세표준과 세액을 경정하거나 당초 처분을 유지하는 등의 처분을 하도록 하는 결정에 따른 처분을 포함). 다만, 이의신청에 대한 처분에 대하여 심사청구 또는 심판청구를 하는 경우는 제외한다.

② 통고처분

③ 「감사원법」에 따라 심사청구를 한 처분이나 그 심사청구에 대한 처분

④ 과세전적부심사의 청구에 대한 처분

⑤ 「지방세기본법」에 따른 과태료의 부과

2. 지방세불복의 청구유형

지방자치단체에 대한 지방세불복에는 이의신청 및 심사청구가 있으며, 조세심판원에 심판청구를 제기한다. 납세자는 이의신청 절차를 거치지 아

니하고 심사청구 또는 심판청구를 제기할 수 있다. 또한, 이의신청, 심사청구 또는 심판청구를 거치지 아니하고 행정소송을 제기할 수 있다.

2.1 지방세의 이의신청

(1) 이의신청

이의신청을 하려면 그 **처분이 있은 것을 안 날**(처분의 통지를 받았을 때에는 그 통지를 받은 날)**부터 90일 이내**에 불복의 사유를 적어 특별시세·광역시세·도세[도세 중 특정 부동산에 대한 지역자원시설세 및 시·군세에 부가하여 징수하는 지방교육세와 특별시세·광역시세 중 특별시분 재산세, 특정 부동산에 대한 지역자원시설세 및 구세(군세 및 특별시분 재산세를 포함)에 부가하여 징수하는 지방교육세는 제외]의 경우에는 시·도지사에게, 특별자치시세 · 특별자치도세의 경우에는 특별자치시장 · 특별자치도지사에게, 시 · 군 · 구세[도세 중 특정 부동산에 대한 지역자원시설세 및 시·군세에 부가하여 징수하는 지방교육세와 특별시세·광역시세 중 특별시분 재산세, 특정 부동산에 대한 지역자원시설세 및 구세(군세 및 특별시분 재산세를 포함)에 부가하여 징수하는 지방교육세를 포함]의 경우에는 시장·군수·구청장에게 이의신청을 하여야 한다(지방세기본법 90).

(2) 이의신청서의 제출

이의신청을 하려는 자는 다음 각 사항 등을 적은 **이의신청서** 2부에 증명서류를 각각 첨부하여 소관 지방자치단체의 장(**이의신청기관**)에게 제출하여야 한다(지방세기본령 59 ①).[1)]

① 신청인의 성명과 주소 또는 영업소

---

1) 처분청이 이의신청기관을 잘못 통지하여 이의신청서가 다른 기관에 접수된 경우 또는 이의신청을 하려는 자가 이의신청서를 처분청에 제출하여 접수된 경우에는 정당한 기관에 해당 이의신청서가 접수된 것으로 본다(지방세기본령 59 ②).
정당한 권한이 있는 이의신청기관이 아닌 다른 기관이 이의신청서를 접수하였을 때에는 이를 정당한 권한이 있는 이의신청기관에 지체 없이 이송하고 그 뜻을 신청인에게 통지하여야 한다. 이 경우 처분청이 이의신청서를 접수하였을 때에는 그 중 1부만을 이송한다(지방세기본령 59 ③).
결정기간을 계산하는 경우 정당한 권한이 있는 이의신청기관이 이의신청서를 이송받은 날을 기산일로 한다(지방세기본령 59 ④).

② 통지를 받은 연월일 또는 처분이 있은 것을 안 연월일

③ 통지된 사항 또는 처분의 내용

④ 불복의 사유

이의신청기관이 시·도지사인 경우 시·도지사는 이의신청서를 제출받았을 때에는 지체 없이 그 중 1부를 처분청에 송부하고, 처분청은 그 이의신청서를 송부받은 날(정당한 권한이 있는 이의신청기관이 아닌 다른 기관이 이의신청서를 접수한 경우에는 이의신청서를 접수한 날)부터 10일 이내에 의견서를 시·도지사에게 제출하여야 한다(지방세기본령 59 ⑤).

의견서에는 과세전적부심사에 대한 결정서(결정이 있은 경우만 해당), 처분의 근거·이유 및 그 사실을 증명할 서류, 청구인이 제출한 증거서류 및 증거물, 그 밖의 심리자료 모두를 첨부하여야 한다(지방세기본령 59 ⑥).

2.2 지방세의 심사청구 및 심판청구

(1) 이의신청을 거친 경우

이의신청을 거친 후에 심사청구 또는 심판청구를 할 때에는 이의신청에 대한 결정 통지를 받은 날부터 90일 이내에 하여야 한다. 이 경우 특별시장·광역시장·특별자치시장·도지사 및 특별자치도지사의 결정에 대해서는 조세심판원장에게 심판청구를, 시장·군수·구청장의 결정에 대해서는 시·도지사에게 심사청구를 하거나 조세심판원장에게 심판청구를 하여야 한다(지방세기본법 91 ①).

결정기간 내에 이의신청에 대한 결정 통지를 받지 못한 경우에는 결정 통지를 받기 전이라도 그 결정기간이 지난 날부터 심사청구 또는 심판청구를 할 수 있다(지방세기본법 91 ②).

(2) 이의신청을 거치지 아니한 경우

이의신청을 거치지 아니하고 바로 심사청구 또는 심판청구를 할 때에는 그 처분이 있은 것을 안 날(처분의 통지를 받았을 때에는 그 통지를 받은 날)부터 90일 이내에 특별시세·광역시세·도세[도세 중 특정 부동산에 대

한 지역자원시설세 및 시·군세에 부가하여 징수하는 지방교육세와 특별시세·광역시세 중 특별시분 재산세, 특정 부동산에 대한 지역자원시설세 및 구세(군세 및 특별시분 재산세를 포함)에 부가하여 징수하는 지방교육세는 제외] 및 특별자치세·특별자치도세의 경우에는 조세심판원장에게 심판청구를, 시·군·구세[도세 중 특정 부동산에 대한 지역자원시설세 및 시·군세에 부가하여 징수하는 지방교육세와 특별시세·광역시세 중 특별시분 재산세, 특정 부동산에 대한 지역자원시설세 및 구세(군세 및 특별시분 재산세를 포함)에 부가하여 징수하는 지방교육세를 포함]의 경우에는 시·도지사에게 심사청구를 하거나 조세심판원장에게 심판청구를 하여야 한다(지방세기본법 91 ③).

(3) 심사청구서 또는 심판청구서의 제출

심사청구 또는 심판청구를 하려는 자는 다음 각 사항을 적은 심사청구서 또는 심판청구서 2부에 증명서류를 각각 첨부하여 시·도지사 또는 조세심판원장에게 제출하여야 한다(지방세기본령 60 ①).[2)]

① 청구인의 성명과 주소 또는 영업소
② 이의신청에 대한 결정의 통지를 받은 연월일 또는 이의신청을 한 연월일
③ 이의신청에 대한 결정사항
④ 불복의 취지와 그 사유
⑤ 그 밖에 필요한 사항

시·도지사 또는 조세심판원장은 심사청구서 또는 심판청구서를 접수받았을 때에는 지체 없이 그 중 1부를 처분청에 송부하여야 하며, 처분청은 그 심사청구서 또는 심판청구서를 송부받은 날부터 10일 이내에 의견서(조세심판원장이 특별시세 · 광역시세 · 특별자치시세 · 도세 및 특별자치도

---

2) **이의신청 규정의 준용**: 심사청구서 또는 심판청구서의 제출 · 접수 및 이송, 청구기간의 계산, 의견서의 제출 등에 대해서는 이의신청 규정을 준용한다. 이 경우 "처분청"은 "이의신청기관"으로, "이의신청기관"은 "심사청구기관 또는 심판청구기관"으로, "이의신청서"는 "심사청구서 또는 심판청구서"로, "이의신청"은 "심사청구 또는 심판청구"로, "시 · 도지사"는 "시 · 도지사 또는 조세심판원장"으로, "과세전적부심사"는 "과세전적부심사 또는 이의신청"으로 본다(지방세기본령 60 ②).

세에 관한 심판청구서를 제출받은 경우에는 특별시장 · 광역시장 · 특별자치시장 · 도지사 및 특별자치도지사의 의견서를 말함) 및 자료 일체를 시 · 도지사 또는 조세심판원장에게 제출하여야 한다(지방세기본령 60 ③).

2.3 이의신청 등의 대리인

(1) 대리인

이의신청인, 심사청구인과 처분청은 **변호사, 세무사** 또는 「세무사법」에 따라 등록한 **공인회계사**를 대리인으로 선임할 수 있다(지방세기본법 93 ①).

이의신청인, 심사청구인은 **신청 또는 청구 금액이 1천만원 미만인 경우**에는 그의 배우자, 4촌 이내의 혈족 또는 그의 배우자의 4촌 이내 혈족을 대리인으로 선임할 수 있다(지방세기본법 93 ②).

(2) 대리인의 권한

대리인의 권한은 **서면으로 증명**하여야 하며, 대리인을 해임하였을 때에는 그 사실을 서면으로 신고하여야 한다(지방세기본법 93 ③).

대리인은 본인을 위하여 그 신청 또는 청구에 관한 모든 행위를 할 수 있다. 다만, 그 신청 또는 청구의 취하는 특별한 위임을 받은 경우에만 할 수 있다(지방세기본법 93 ④).

3. 관계 서류의 열람 및 의견진술권

이의신청인, 심사청구인, 심판청구인 또는 처분청(처분청의 경우 심사청구 또는 심판청구로 한정함)은 그 신청 또는 청구에 관계되는 **서류를 열람**할 수 있으며, 지방자치단체의 장 또는 조세심판원장에게 **의견을 진술**할 수 있다(지방세기본법 92).

3.1 관계 서류의 열람신청

이의신청, 심사청구 또는 심판청구에 관계되는 서류를 열람하려는 자는 **구술**로 해당 지방자치단체의 장 또는 조세심판원장에게 그 열람을 요구할 수 있다(지방세기본령 61 ①).

관계 서류의 열람 요구를 받은 해당 지방자치단체의 장 또는 조세심판원장은 그 서류를 열람 또는 복사하게 하거나 사본이 원본과 다름이 없않음을 확인하여야 한다(지방세기본령 61 ②).

관계 서류의 열람 요구를 받은 해당 지방자치단체의 장 또는 조세심판원장은 필요하다고 인정하는 경우에는 열람하거나 복사하는 자의 서명을 요구할 수 있다(지방세기본령 61 ③).

3.2 의견진술

의견을 진술하려는 자는 진술자의 성명과 주소 또는 영업소(진술자가 처분청인 경우 처분청의 명칭과 소재지를 말함), 진술하려는 내용의 개요를 적은 **문서**로 해당 지방자치단체의 장 또는 조세심판원장에게 신청하여야 한다(지방세기본령 62 ①).

의견진술은 진술하려는 의견을 간단하고 명료하게 하여야 하며, 필요한 경우에는 이에 관한 **증거와 그 밖의 자료를 제시**할 수 있다(지방세기본령 62 ④). 의견진술은 진술하려는 의견을 기록한 **문서의 제출로 갈음**할 수 있다(지방세기본령 62 ⑤).

의견진술 신청을 받은 지방자치단체의 장 또는 조세심판원장은 **다음의 어느 하나에 해당하는 경우를 제외**하고는 출석 일시 및 장소와 필요하다고 인정되는 진술시간을 정하여 지방세심의위원회, 「국세기본법」에 따른 조세심판관회의 또는 조세심판관합동회의 **회의개최일 3일 전까지 신청인에게 통지**하여 의견진술의 기회를 주어야 한다(지방세기본령 62 ②).[3)]

① 이의신청, 심사청구 또는 심판청구의 목적이 된 사항이 경미하거나 기일이 경과한 후 그 신청 또는 청구가 있은 경우

---

3) **통지**는 서면으로 하거나 청구서에 적힌 전화, 휴대전화를 이용한 문자전송, 팩시밀리 또는 전자우편 등의 방법으로 할 수 있다(지방세기본령 62 ⑥).

② 이의신청, 심사청구 또는 심판청구의 목적이 된 사항이 법령해석에 관한 것으로서 의견진술이 필요 없다고 인정되는 경우

의견진술이 필요 없다고 인정되면 지방자치단체의 장 또는 조세심판원장은 이유를 신청인에게 통지하여야 한다(지방세기본령 62 ③).

4. 청구기한의 연장 등

4.1 천재지변 등으로 인한 청구기한의 연장

이의신청인, 심사청구인 또는 심판청구인이 **천재지변 등으로 인한 기한의 연장 사유**(신고·신청·청구 및 그 밖의 서류의 제출·통지에 관한 기한 연장사유로 한정함)로 인하여 이의신청, 심사청구 또는 심판청구기간내에 이의신청, 심사청구 또는 심판청구를 할 수 없을 때에는 그 **사유가 소멸한 날부터 14일 이내**에 이의신청, 심사청구 또는 심판청구를 할 수 있다. 이 경우 신청인 또는 청구인은 그 기간 내에 이의신청, 심사청구 또는 심판청구를 할 수 없었던 사유, 그 사유가 발생한 날 및 소멸한 날, 그 밖에 필요한 사항을 기재한 문서를 함께 제출하여야 한다(지방세기본법 94 ①).

4.2 청구서가 청구기간이 지나서 도달한 경우의 청구기한 연장

이의신청, 심사청구 및 심판청구에 따른 기한까지 우편으로 제출(우편법령에 따른 통신날짜도장이 찍힌 날을 기준으로 함)한 이의신청서, 심사청구서 또는 심판청구서가 **신청기간 또는 청구기간이 지나서 도달한 경우**에는 그 기간만료일에 적법한 신청 또는 청구를 한 것으로 본다(지방세기본법 94 ②).

이의신청, 심사청구 및 심판청구기간은 **불변기간**으로 한다(지방세기본법 94 ③).

5. 보정요구

이의신청 또는 심사청구를 받은 지방자치단체의 장은 그 신청 또는 청구의 **서식 또는 절차에 결함이 있는 경우**와 **불복사유를 증명할 자료의 미비로 심의할 수 없다고 인정될 경우**에는 **20일간의 보정기간**을 정하여 문서로써 그 결함의 보정을 요구할 수 있다.[4] 다만, **보정할 사항이 경미한 경우**에는 **직권으로 보정**할 수 있다(지방세기본법 95 ①).

보정의 요구를 받은 이의신청인 또는 심사청구인은 **문서**로써 결함을 보정하거나, 지방자치단체에 출석하여 보정할 사항을 **말**하고, 말한 내용을 지방자치단체 소속 공무원이 기록한 서면에 서명 또는 날인함으로써 보정할 수 있다(지방세기본법 95 ②).

보정기간은 결정기간에 포함하지 아니한다(지방세기본법 95 ③).

6. 결정 등

6.1 결정

(1) 결정의 종류

이의신청 또는 심사청구를 받은 지방자치단체의 장은 그 **신청·청구를 받은 날부터 90일 이내**에 지방세심의위원회의 의결에 따라 다음 각 구분에 따른 **결정**을 하고 신청인 또는 청구인에게 이유를 함께 기재한 **결정서를 송달**하여야 한다. 다만, **이의신청 또는 심사청구 기간이 지난 후에 제기된 이의신청 또는 심사청구 등 일정한 사유에 해당하는 경우**[5]에는 지방

---

4) **보정요구**: 이의신청, 심사청구 또는 심판청구의 결정기관의 장은 보정요구를 할 때에는 다음 각 사항을 포함하여야 한다(지방세기본령 63).
① 보정할 사항
② 보정을 요구하는 이유
③ 보정할 기간
④ 그 밖에 필요한 사항
이의신청, 심사청구 또는 심판청구의 결정기관은 **직권으로 보정을 하였을 때**에는 그 결과를 해당 신청인 또는 청구인에게 **문서**로 통지하여야 한다(지방세기본령 63 ②).

세심의위원회의 의결을 거치지 아니하고 결정할 수 있다.(지방세기본법 96 ①).[6]

① 이의신청 또는 심사청구가 적법하지 아니한 때(행정소송, 심판청구 또는 심사청구를 제기하고 이의신청을 제기하거나 행정소송 또는 심판청구를 제기하고 심사청구를 제기한 경우를 포함) 또는 이의신청·심사청구기간이 지났거나 보정기간에 필요한 보정을 하지 아니할 때: 그 신청·청구를 **각하하는 결정**

② 이의신청 또는 심사청구가 **이유 없다고 인정**될 때: 신청·청구를 **기**

---

5) **일정한 사유에 해당하는 경우**는 다음의 어느 하나에 해당하는 경우를 말한다(지방세기본령 64 ③).
① 이의신청 또는 심사청구의 내용이 다음의 어느 하나에 해당하는 경우
㉠ 각하결정사유에 해당하는 경우
㉡ 이의신청 또는 심사청구 금액이 100만원 이하로서 유사한 이의신청 또는 심사청구에 대하여 지방세심의위원회 의결을 거쳐 결정이 있었던 경우
② 이의신청 또는 심사청구가 그 신청 또는 청구기간이 지난 후에 제기된 경우
이의신청 또는 심사청구의 내용이 다음의 어느 하나에 해당하는 경우에는 위의 ㉡에도 불구하고 지방세심의위원회 의결을 거쳐 결정한다(지방세기본령 64 ④).
① 지방세심의위원회의 의결사항과 배치되는 새로운 조세심판, 법원 판결 또는 행정안전부장관의 해석 등이 있는 경우
② 지방세심의위원회의 위원장이 지방세심의위원회 의결을 거쳐 결정할 필요가 있다고 인정하는 경우

6) **결정 등**: 이의신청기관, 심사청구 또는 심판청구의 결정기관은 결정을 한 때에는 주문(主文)과 이유를 붙인 **결정서**를 정본(正本)과 부본(副本)으로 작성하여 정본은 신청인 또는 청구인에게 송달하고, 부본은 처분청에 송달하여야 한다. 다만, 심판청구에 관한 사항은「국세기본법」규정을 준용한다(지방세기본령 64 ①).
이의신청에 관한 결정서를 송달할 때에는 그 결정서를 받은 날부터 90일 이내에 이의신청인이 심사청구, 심판청구 또는 행정소송을 제기할 수 있다는 뜻과 제기하여야 하는 기관을 함께 적어야 하며, **심사청구 또는 심판청구에 관한 결정서를 송달할 때**에는 그 결정서를 받은 날부터 90일 이내에 심사청구인 또는 심판청구인이 행정소송을 제기할 수 있다는 뜻을 적어야 한다(지방세기본령 64 ②).
이의신청기관, 심사청구 또는 심판청구의 결정기관은 신청 또는 청구에 대한 결정기간(**결정기간)이 지나도 결정을 하지 못하였을 때**에는 지체 없이 이의신청인에게는 결정기간이 경과한 날부터 심사청구, 심판청구 또는 행정소송을 제기할 수 있다는 뜻과 제기하여야 하는 기관을, 심사청구인 또는 심판청구인에게는 결정기간이 경과한 날부터 행정소송을 제기할 수 있다는 뜻을 통지하여야 한다(지방세기본령 64 ⑤).
처분청은 법 재조서결정(과세전적부심사에서 준용하는 경우를 포함)에 따라 신청 또는 청구의 대상이 된 처분의 취소·경정을 하거나 필요한 처분을 하였을 때에는 그 처분결과를 지체 없이 서면으로 이의신청인·심사청구인(과세전적부심사에서 준용하는 경우에는 과세전적부심사 청구인을 말함)에게 통지하여야 한다(지방세기본령 64 ⑥).

각하는 결정

③ 이의신청 또는 심사청구가 **이유 있다고 인정**될 때: 신청·청구의 대상이 된 **처분의 취소, 경정 또는 필요한 처분의 결정**. 다만, 처분의 취소·경정 또는 필요한 처분의 결정을 하기 위하여 사실관계 확인 등 추가적으로 조사가 필요한 경우에는 처분청으로 하여금 이를 재조사하여 그 결과에 따라 취소·경정하거나 필요한 처분을 하도록 하는 재조사 결정을 할 수 있다.

심리여부	결정의 유형	내 용	비고
본안심리 없음	각하결정 (却下決定)	결정기관이 불복청구에 대해 법이 요구하는 형식적 요건심리를 한 결과 그 청구에 대한 형식적인 신청요건이 충족되지 않는 경우에 내리는 결정으로, 청구 자체를 받아들이지 않는 결정	각하결정을 한 경우 그 청구내용에 대한 본안심리에 들어가지 않음
본안심리 후 결정	기각결정 (棄却決定)	결정기관이 청구의 내용에 대하여 본안심리를 한 결과 불복청구가 이유 없다고 인정하여 청구인의 주장을 받아들이지 않을 때에 내리는 결정	원처분을 유지하는 결정으로, 과세관청의 처분이 위법·부당하지 않거나 필요한 처분이 없음을 결정하는 처분임
	인용결정 (認容決定)	결정기관이 청구의 내용에 대하여 본안심리를 한 결과 불복청구가 이유 있다고 인정하여 청구인의 주장을 받아들일 때에 내리는 결정 ① 위법·부당한 처분의 경우 : 청구의 대상이 된 처분청의 처분 등을 취소·경정 또는 결정 ② 필요한 처분을 받지 못한 경우 : 필요한 처분의 결정	과세관청의 처분이 위법·부당하거나 과세관청으로부터 필요한 처분을 받지 못함으로써 권리 또는 이익이 침해되었다고 인정될 때에 그 처분의 전부 또는 일부를 취소·경정(변경) 하거나 필요한 처분을 내리는 결정임

(2) 결정의 효력

결정은 **해당 처분청을 기속**한다(지방세기본법 96 ②).

결정을 하였을 때에는 해당 처분청은 결정의 취지에 따라 **즉시 필요한 처분**을 하여야 한다(지방세기본법 96 ③).

(3) 재조사 결정이 있는 경우의 결정

재조사 결정이 있는 경우 처분청은 재조사 결정일부터 60일 이내에 결정서 주문에 기재된 범위에 한정하여 조사하고, 그 결과에 따라 취소·경정하거나 필요한 처분을 하여야 한다. 이 경우 처분청은 조사를 연기하거나 조사기간을 연장하거나 조사를 중지할 수 있다(지방세기본법 96 ④).

(4) 국세기본법의 준용

심판청구에 관하여는 「지방세기본법」 또는 지방세관계법에서 규정한 것을 제외하고는 「국세기본법」 규정을 준용한다(지방세기본법 96 ⑥).

(5) 의견조회

지방자치단체의 장은 이의신청 또는 심사청구의 대상이 되는 처분이 「지방세법」에 따른 지방소득세의 과세표준 산정에 관한 사항인 경우에는 「소득세법」 또는 「법인세법」에 따른 납세지를 관할하는 국세청장 또는 세무서장에게 의견을 조회할 수 있다(지방세기본법 96 ⑦).

6.2 결정의 경정

이의신청 또는 심사청구에 대한 **결정에 오기, 계산착오, 그 밖에 이와 비슷한 잘못이 있는 것이 명백할 때**에는 지방자치단체의 장은 **직권** 또는 이의신청인·심사청구인의 **신청**을 받아 결정을 경정할 수 있다(지방세기본법 97 ①). 지방자치단체의 장은 경정 결과를 **지체 없이** 이의신청인 또는 심사청구인에게 **통지**하여야 한다(지방세기본령 65).

7. 다른 법률과의 관계

「지방세기본법」 또는 지방세관계법에 따른 이의신청 또는 심사청구의 대상이 되는 처분에 관한 사항에 대하여는 「행정심판법」을 적용하지 아니한다. 다만, 이의신청 또는 심사청구에 대하여는 「행정심판법」[선정대표자(15), 청구인의 지위 승계(16), 심판참가(20), 심판참가의 요구(21), 참가인의 지위(22), 청구의 변경(29), , 증거조사(36), 직권심리(39), 심리의 방식(40), 발언 내용 등의 비공개(41) 및 심판청구 등의 취하(42) 등]을 준용하며, 이 경우 "위원회"는 "지방세심의위원회"로 본다(지방세기본법 98 ①).

심판청구의 대상이 되는 처분에 관한 사항에 대하여는 「국세기본법」(다른 법률과의 관계, 56 ①)을 준용한다(지방세기본법 98 ②).

8. 청구의 효력 등

8.1 집행부정지

이의신청, 심사청구 또는 심판청구는 그 처분의 집행에 효력이 미치지 아니한다(지방세기본법 99 ① 본문).

8.2 공매처분의 보류기한

압류한 재산에 대해서 그 공매처분을 보류할 수 있다(지방세기본법 99 ① 단서). 공매처분을 보류할 수 있는 기한은 이의신청, 심사청구 또는 심판청구의 **결정처분이 있는 날부터 30일까지**로 한다(지방세기본령 66).

9. 국세기본법의 준용

이 장에서 규정한 사항을 제외한 이의신청 등에 관하여는 「국세기본법[제7장, 다른 법률과의 관계(국세기본법 56)는 제외]」을 준용한다(지방세기본법 100).

제9장 범칙행위에 대한 처벌 및 처벌절차

제1절 통칙

1. 지방세범칙행위의 처벌

조세범은 재정수입의확보 등 조세법의 실효성을 보장하고 의무이행을 간접적으로 확보하기 위하여 처벌한다. 조세범의 유형은 국가의 과세징수권을 직접 침해하여 세수의 감손을 초래하는 탈세범과 직접적으로 세수의 감손을 초래하지는 않으나 조세질서를 확보하기 위한 세법상 각종 의무에 위반함으로써 과세징수권의 적정한 행사를 저해할 위험이 있는 질서범으로 대별된다.

조세법을 처벌하는 법률에는 국세(관세 제외)의 경우 「조세범처벌법」, 관세의 경우 「관세법」, 그리고 지방세의 경우 「지방세기본법」이 있다. 다만, 지방세에 대한 조세범 처벌의 경우 「지방세기본법」에 규정한 내용 이외에는 「조세범처벌법」, 「조세범처벌절차법」을 준용한다.

2. 처벌

「지방세기본법」 또는 지방세관계법을 위반한 자에 대해서는 「지방세기본법」 제2절(범칙행위 처벌) 및 제3절(범칙행위 처벌절차)과 과세자료 비밀유지 의무 위반에 대한 처벌(133) 및 징역과 벌금의 병과(134)에서 정한 바에 따라 **처벌**한다(지방세기본법 101).

3. 양벌 규정

법인(준용되는 「국세기본법」에 따른 법인으로 보는 단체를 포함)의 대표자, 법인 또는 개인의 대리인, 사용인, 그 밖의 종업원이 그 법인 또는 개인의 업무에 관하여 「지방세기본법」 제2절(범칙행위 처벌)에서 규정하는 범칙행위를 하면 그 **행위자**를 벌할 뿐만 아니라 그 **법인 또는 개인**에게도 해당 조문의 벌금형을 과(科)한다. 다만, **법인 또는 개인이 그 위반행위를 방지하기 위하여 해당 업무에 관하여 상당한 주의와 감독을 게을리하지 아니한 경우**에는 그러하지 아니하다(지방세기본법 109).

4. 형법 적용의 일부 배제

지방세의 포탈(102) 및 특별징수 불이행범(107)에 따른 범칙행위를 한 자에 대해서는 「형법(38 ① (2))」 중 **벌금경합에 관한 제한가중규정**을 적용하지 아니한다(지방세기본법 110).

5. 고발

「지방세기본법」 제2절(범칙행위 처벌)에 따른 범칙행위는 지방자치단체의 장 또는 범칙사건조사공무원의 **고발이 있어야 공소를 제기**할 수 있다(지방세기본법 111).

6. 공소시효의 기간

지방세의 포탈(102), 체납처분 면탈(103), 장부 등의 소각·파기 등(104), 성실신고 방해 행위(105), 명의대여 행위 등(106)), 특별징수 불이행범(107) 및 양벌규정(109)에 따른 범칙행위의 공소시효는 **7년**으로 한다. 다만, 양벌규정(109)에 따른 행위자가 「특정범죄 가중처벌 등에 관한 법률(8)」의 적용을 받는 경우에는 양벌규정(109)에 따른 법인에 대한 공소시효는 **10년**이 지나면 완성된다(지방세기본법 112).

제2절 범칙행위의 처벌

1. 지방세의 포탈

1.1 지방세의 포탈

(1) 포탈의 처벌

사기나 그 밖의 부정한 행위로써 **지방세를 포탈하거나 지방세를 환급·공제받은 자**는 2년 이하의 징역 또는 탈세액이나 환급·공제받은 세액(포탈세액 등)의 2배 이하에 상당하는 벌금에 처한다. 다만, **다음의 어느 하나에 해당하는 경우**에는 3년 이하의 징역 또는 포탈세액 등의 3배 이하에 상당하는 벌금에 처한다(지방세기본법 102 ①).

① 포탈세액 등이 **3억원** 이상이고, 그 포탈세액 등이 신고납부하여야 할 세액의 **30%** 이상인 경우

② 포탈세액 등이 **5억원** 이상인 경우

포탈하거나 포탈하려한 세액 또는 환급·공제를 받은 세액은 **즉시 징수**한다(지방세기본법 102 ②).

(2) 징역과 벌금의 병과

지방세 포탈의 죄를 지은 자에 대해서는 **정상**(情狀)에 따라 징역형과 벌금형을 **병과**할 수 있다(지방세기본법 102 ③).

(3) 형의 경감과 가중

지방세 포탈의 죄를 지은한 자가 포탈세액 등에 대하여 수정신고 규정에 따라 **법정신고기한이 지난 후 2년 이내에 수정신고**를 하거나 기한후신고 규정에 따라 **법정신고기한이 지난 후 6개월 이내에 기한후신고**를 하였을 때에는 **형을 감경**할 수 있다(지방세기본법 102 ④).

지방세 포탈의 죄를 **상습적**으로 지은 자는 형의 1/2을 **가중**한다(지방세기본법 102 ⑤).

1.2 포탈범칙행위의 기수 시기

포탈범칙행위의 기수 시기는 다음의 구분에 따른다(지방세기본법 102 ⑥).

① 납세의무자의 **신고**에 의하여 지방세가 확정되는 세목: 신고기한이 지난 때

② 지방자치단체의 장이 세액을 결정하여 **부과**하는 세목: 납부기한이 지난 때

2. 체납처분 면탈

2.1 체납처분 면탈

납세의무자 또는 납세의무자의 재산을 점유하는 자가 **체납처분의 집행을 면탈하거나 면탈하게 할 목적으로 그 재산을 은닉·탈루하거나 거짓 계약을 하였을 때**에는 3년 이하의 징역 또는 3천만원 이하의 벌금에 처한다(지방세기본법 103 ①).

「형사소송법」에 따른 압수물건을 보관한 자 또는 「지방세징수법」에 따른 압류물건을 보관한 자가 그 **보관한 물건을 은닉·탈루하거나 손괴 또는 소비하였을 때**에도 3년 이하의 징역 또는 3천만원 이하의 벌금에 처한다(지방세기본법 103 ②).

2.2 체납처분 면탈방조

체납처분 면탈의 사정을 알고도 체납처분 면탈 행위를 방조하거나 거짓 계약을 승낙한 자는 2년 이하의 징역 또는 2천만원 이하의 벌금에 처한다(지방세기본법 103 ③).

3. 장부 등의 소각·파기 등

지방세를 포탈하기 위한 증거인멸의 목적으로 「지방세기본법」 또는

지방세관계법에서 갖추어 두도록 하는 **장부 또는 증거서류**(전산조직을 이용하여 작성한 장부 또는 증거서류를 포함)**를 해당 지방세의 법정신고기한이 지난 날부터 5년 이내에 소각·파기하거나 숨긴 자**는 2년 이하의 징역 또는 2천만원 이하의 벌금에 처한다(지방세기본법 104).

4. 성실신고 방해 행위

4.1 성실신고 방해

납세의무자를 대리하여 세무신고를 하는 자가 지방세의 부과 또는 징수를 면하게 하기 위하여 **타인의 지방세에 관하여 거짓으로 신고를 하였을 때**에는 2년 이하의 징역 또는 2천만원 이하의 벌금에 처한다(지방세기본법 105 ①).

4.2 무신고·거짓신고의 선동·교사

납세의무자로 하여금 과세표준의 **신고**(신고의 수정을 포함)**를 하지 아니하게 하거나 거짓으로 신고하게 한 자** 또는 **지방세의 징수나 납부를 하지 않을 것을 선동하거나 교사한 자**는 1년 이하의 징역 또는 1천만원 이하의 벌금에 처한다(지방세기본법 105 ②).

5. 명의대여 행위 등

5.1 타인명의 사용

지방세의 회피 또는 강제집행의 면탈을 목적으로 **타인의 명의로 사업자등록을 하거나 타인의 명의로 등록된 사업자등록을 이용하여 사업을 한 자**는 2년 이하의 징역 또는 2천만원 이하의 벌금에 처한다(지방세기본법 106 ①).

5.2 명의의 대여

지방세의 회피 또는 강제집행의 면탈을 목적으로 **타인이 자신의 명의로 사업자등록을 할 것을 허락하거나 자신의 명의로 등록한 사업자등록을 타인이 이용하여 사업을 하도록 허락한 자**는 1년 이하의 징역 또는 1천만원 이하의 벌금에 처한다(지방세기본법 106 ②).

6. 특별징수 불이행범

특별징수의무자가 정당한 사유 없이 지방세를 징수하지 아니한 경우에는 1천만원 이하의 벌금에 처한다(지방세기본법 107 ①).

특별징수의무자가 정당한 사유 없이 징수한 세금을 납부하지 아니한 경우에는 2년 이하의 징역 또는 2천만원 이하의 벌금에 처한다(지방세기본법 107 ②).

7. 명령사항 위반 등에 대한 과태료 부과

7.1 과태료의 부과

지방자치단체의 장은 다음의 어느 하나에 해당하는 자에게는 500만원 이하의 과태료를 부과한다(지방세기본법 108 ①).

① 「지방세징수법」에 따른 자동차 또는 건설기계의 인도 명령을 위반한 자

② 「지방세기본법」 또는 지방세관계법의 질문·검사권 규정에 따른 세무공무원의 질문에 대하여 거짓으로 진술하거나 그 직무집행을 거부하거나 기피한 자

과태료는 **지방자치단체의 장이 부과·징수**한다(지방세기본법 108 ①).

7.2 과태료의 부과기준

과태료의 부과기준은 **별표** 1과 같다(지방세기본령 67).

[별표 1]

명령사항 위반 등에 대한 과태료 부과기준(제67조 관련)

1. 일반기준
  가. 위반행위의 횟수에 따른 과태료 부과기준은 최근 1년간 같은 위반행위로 과태료 부과처분을 받은 경우에 적용한다. 이 경우 기간의 계산은 위반행위에 대하여 과태료 부과처분을 받은 날과 그 처분 후 다시 같은 위반행위를 하여 적발된 날을 기준으로 한다.
  나. 가목에 따라 부과처분을 하는 경우 과태료 부과처분의 적용 차수는 그 위반행위 전 부과처분 차수(가목에 따른 기간 내에 과태료 부과처분이 둘 이상 있었던 경우에는 높은 차수를 말한다)의 다음 차수로 한다.
  다. 부과권자는 다음의 어느 하나에 해당하는 경우에는 제2호에 따른 과태료 금액의 2분의 1 범위에서 그 금액을 감경할 수 있다. 다만, 과태료를 체납하고 있는 위반행위자의 경우에는 그렇지 않다.
    1) 위반행위자가 「질서위반행위규제법 시행령」 제2조의2제1항 각 호의 어느 하나에 해당하는 경우
    2) 위반행위가 사소한 부주의나 오류로 인한 것으로 인정되는 경우
    3) 위반행위자가 법 위반상태를 시정하거나 해소하기 위하여 노력한 것이 인정되는 경우
    4) 그 밖에 위반행위의 정도, 위반행위의 동기와 그 결과 등을 고려하여 감경할 필요가 있다고 인정되는 경우
  라. 부과권자는 다음의 어느 하나에 해당하는 경우에는 제2호에 따른 과태료 금액의 2분의 1 범위에서 가중할 수 있다. 다만, 법 제108조제1항에 따른 과태료 금액의 상한을 넘을 수 없다.
    1) 위반의 내용·정도가 중대하여 이용자 등에게 미치는 피해가 크다고 인정되는 경우
    2) 법 위반상태의 기간이 6개월 이상인 경우
    3) 그 밖에 위반행위의 정도, 위반행위의 동기와 그 결과 등을 고려하여 가중할 필요가 있다고 인정되는 경우

2. 개별기준

위반행위	근거 법조문	과태료 금액		
		1회 위반	2회 위반	3회 이상 위반
가. 「지방세징수법」 제56조제2항에 따른 자동차 또는 건설기계의 인도 명령을 위반한 경우	법 제108조 제1항제1호	2백만원	3백만원	5백만원
나. 법 또는 지방세관계법의 질문・검사권 규정에 따른 세무공무원의 질문에 대하여 거짓으로 진술하거나 그 직무집행을 거부하거나 기피한 경우	법 제108조 제1항제2호	2백만원	3백만원	5백만원

제3절 범칙행위의 처벌절차

1. 범칙행위 처벌절차의 기초

1.1 형사소송법의 준용

압수 또는 수색과 압수·수색영장에 관하여 「지방세기본법」에서 규정한 것을 제외하고는 **「형사소송법」 중 압수 또는 수색과 압수·수색영장에 관한 규정을 준용**한다(지방세기본법 116).

1.2 범칙사건의 관할 및 인계

범칙사건은 지방세의 과세권 또는 지방세징수권[지방자치단체 장의 권한 위탁·위임에 따라 위탁한 경우와 「지방세징수법」에 따라 징수촉탁을 받은 경우는 제외)이 있는 지방자치단체에 소속된 범칙사건조사공무원이 담당한다(지방세기본법 118 ①).

시·도에 소속된 범칙사건조사공무원은 관할구역의 시·군·구에 소속된 범칙사건조사공무원과 **공동**으로 시·군세 및 구세에 관한 범칙사건을 담당할 수 있다(지방세기본법 118 ②).

범칙사건을 관할하는 지방자치단체가 아닌 지방자치단체나 국가기관에 소속된 공무원이 **인지한 범칙사건**은 그 범칙사건을 관할하는 지방자치단체에 소속된 범칙사건조사공무원에게 지체 없이 **인계**하여야 한다(지방세기본법 118 ③).

범칙사건을 관할하는 지방자치단체가 아닌 지방자치단체나 국가기관에 소속된 공무원이 다른 지방자치단체 관할 **범칙사건의 증거를 발견**하였을 때에는 그 다른 지방자치단체에 소속된 범칙사건조사공무원에게 지체 없이 **인계**하여야 한다(지방세기본법 118 ④).

1.3 국가기관 등에 대한 협조 요청

지방자치단체의 장은 범칙사건조사를 하거나 직무를 집행할 때 필요하면 국가기관 또는 다른 지방자치단체에 **협조를 요청**할 수 있다(지방세기본법 119 ①). 협조 요청을 받은 국가기관 및 지방자치단체는 정당한 사유가 없으면 협조하여야 한다(지방세기본법 119 ②).

1.4 범칙사건조사공무원

범칙사건조사공무원은 세무공무원 중 지방자치단체의 장의 제청으로 그 근무지를 관할하는 지방검찰청 검사장이 지명한 사람으로 한다(지방세기본령 68 ①).

2. 범칙사건조사

2.1 범칙사건조사의 대상선정

(1) 범칙사건조사의 요건

세무공무원 중 근무지 등을 고려하여 지방검찰청 검사장이 지명한 사람(**범칙사건조사공무원**)은 다음의 어느 하나에 해당하는 경우에는 범칙사건조사를 하여야 한다(지방세기본법 113).

① 범칙사건의 혐의가 있는 자를 처벌하기 위하여 증거수집 등이 필요한 경우

② 지방세 포탈 혐의가 있는 금액 등의 연간 액수가 일정한 금액 이상인 경우

(2) 포탈 혐의금액

일정한 금액 이상인 경우는 다음의 어느 하나에 해당하는 경우를 말한다(지방세기본령 68 ②).

① 연간 지방세 **포탈 혐의금액**(가산세는 제외)이 **3천만원 이상**인 경우

② 법정신고기한까지 **과세표준 신고를 하지 아니한 경우**로서 그 과세표준의 연간 합계액이 **10억원 이상**인 경우(납부세액이 없는 경우는 제외)

③ **신고하여야 할 납부세액을 50% 이하로 과소신고한 경우**로서 그 과세표준의 연간 합계액이 **20억원 이상**인 경우

포탈 혐의금액은 사기나 그 밖의 부정한 행위로써 지방세를 포탈하거나 지방세를 환급·공제받은 혐의가 있는 금액으로 한다(지방세기본령 68 ③).

2.2 범칙 혐의자 등에 대한 심문·압수·수색

범칙사건조사공무원은 **범칙사건조사를 위하여 필요한 경우**에는 **범칙 혐의자나 참고인을 심문하거나 압수·수색**할 수 있다. 이 경우 압수 또는 수색을 할 때에는 다음의 어느 하나에 해당하는 사람을 **참여**하게 하여야 한다(지방세기본법 114, 지방세기본령 69 ①).

① 범칙 혐의자

② 범칙행위와 관련된 물건의 소유자 또는 소지자

③ 변호사, 세무사 또는 「세무사법」에 따라 등록한 공인회계사로서 범칙 혐의자의 대리인

④ ① 또는 ②에 해당하는 사람의 동거인, 사용인 또는 그 밖의 종업원으로서 사리를 분별할 수 있는 성년인 사람(**①부터 ③까지의 규정에 해당하는 사람이 참여할 수 없거나 참여를 거부하는 경우**만 해당함)

2.3 압수·수색영장

(1) 압수·수색영장

범칙사건조사공무원이 **범칙사건조사를 하기 위하여 압수 또는 수색을 할 때**에는 근무지 관할 **검사에게 신청**하여 검사의 청구를 받은 관할 지방법원 **판사가 발부한 압수·수색영장**이 있어야 한다(지방세기본법 115 ① 본문).

(2) 영장 없이 압수 · 수색할 수 있는 경우와 사후영장의 청구

다음의 어느 하나에 해당하는 경우에는 범칙 혐의자 및 그 밖에 일정한 자[7]에게 그 **사유를 알리고 영장 없이 압수하거나 수색**할 수 있다(지방세기본법 115 ① 단서).

① 「지방세기본법」에 규정된 범칙행위가 진행 중인 경우

② 범칙혐의자가 도피하거나 증거를 인멸할 우려가 있어 압수 · 수색영장을 발부받을 시간적 여유가 없는 경우

범칙사건조사공무원이 **영장 없이 압수하거나 수색한 경우**에는 압수하거나 수색한 때부터 **48시간 이내**에 압수 · 수색영장 청구절차에 따라 관할 지방법원 판사에게 압수 · 수색영장을 **청구**하여야 한다(지방세기본법 115 ②).

(3) 압수 · 수색영장을 발부받지 못한 경우

범칙사건조사공무원은 **압수 · 수색영장을 발부받지 못한 경우**에는 **즉시** 압수한 물건을 압수당한 본인에게 **반환**하여야 한다(지방세기본법 115 ③).

(4) 형사소송법의 준용

압수 또는 수색과 압수 · 수색영장에 관하여 「지방세기본법」에서 규정한 것을 제외하고는 **「형사소송법」 중 압수 또는 수색과 압수 · 수색영장에 관한 규정을 준용**한다(지방세기본법 116).

(5) 압수한 물건을 운반하거나 보관하기 어려운 경우

범칙사건조사공무원이 **압수한 물건을 운반하거나 보관하기 어려운 경우**에는 압수한 물건을 소유자, 소지자 또는 관공서(소유자 등)로 하여금 보

---

7) 일정한 자는 다음의 어느 하나에 해당하는 사람을 말한다(지방세기본령 69 ③).
① 범칙 혐의자
② 범칙행위와 관련된 물건의 소유자 또는 소지자
③ 변호사, 세무사 또는 「세무사법」에 따라 등록한 공인회계사로서 범칙 혐의자의 대리인
④ ① 또는 ②에 해당하는 사람의 동거인, 사용인 또는 그 밖의 종업원으로서 사리를 분별할 수 있는 성년인 사람(**①부터 ③까지의 규정에 해당하는 사람이 참여할 수 없거나 참여를 거부하는 경우**만 해당함)

관하게 할 수 있다. 이 경우 소유자 등으로부터 보관증을 받고 봉인(封印)이나 그 밖의 방법으로 압수한 물건임을 명백히 하여야 한다(지방세기본법 115 ④).

2.4 심문조서의 작성

범칙사건조사공무원은 범칙사건조사를 하는 과정에서 **심문, 수색, 압수 또는 영치(領置)를 하였을 때**에는 그 경위(經緯)를 기록하여 참여자 또는 심문을 받은 사람에게 확인하게 한 후 그와 함께 서명날인을 하여야 한다. 참여자 또는 심문을 받은 사람이 서명날인을 하지 아니하거나 할 수 없을 때에는 그 사유를 기록하여야 한다(지방세기본법 117).

2.5 압수물건 등의 매각공고

지방자치단체의 장은 「형사소송법」에 따라 **압수물건 또는 영치물건을 매각하는 경우**에는 물건의 품명, 수량, 매각사유, 매각장소와 그 일시, 그 밖의 필요한 사항을 지방자치단체의 정보통신망 또는 공보에 게시하는 방법으로 공고하여야 한다(지방세기본령 70).

2.6 범칙사건조사공무원의 압수물건 등 매수 금지

범칙사건조사공무원은 압수물건, 영치물건 또는 몰수물건을 직접 또는 간접으로 매수(買收)할 수 없다(지방세기본령 71).

3. 범칙처분

3.1 범칙사건에 대한 처분의 종류 및 보고

(1) 범칙사건에 대한 처분의 종류

범칙사건에 대한 처분의 종류는 다음 각 구분과 같다(지방세기본법 120 ①).

① 통고처분
② 고발
③ 무혐의

(2) 지방자치단체의 장에 대한 보고

범칙사건조사공무원은 **범칙사건조사를 마쳤을 때**에는 **지방자치단체의 장에게 보고**하여야 한다(지방세기본법 120 ②).

3.2 통고처분

(1) 통고처분의 내용

지방자치단체의 장은 **범칙사건조사를 하여 범칙의 확증(確證)을 갖게 되었을 때**에는 그 대상이 되는 자에게 그 이유를 구체적으로 밝혀 벌금에 해당하는 금액(**벌금상당액**) 또는 몰수 대상이 되는 물품, 추징금, 서류의 송달비용 및 압수물건의 운반·보관비용을 지정한 장소에 납부할 것을 **통고**하여야 한다. 다만, 몰수 대상이 되는 물품에 대해서는 그 물품을 납부하겠다는 의사표시(**납부신청**)를 하도록 통고할 수 있다(지방세기본법 121 ①).[8)]

(2) 통고처분의 절차

지방자치단체의 장은 통고처분을 하는 경우에는 **통고서**를 작성하여 **범칙사건조사를 마친 날부터 10일 이내**에 범칙자 및 양벌규정에 따른 법인 또는 개인에게 각각 통고하여야 한다(지방세기본령 72 ①).

(3) 통고처분의 효력

통고처분을 받은 자가 **통고받은 대로 이행하였을 때**에는 동일한 사건에 대하여 다시 범칙사건조사를 받거나 처벌받지 아니한다(지방세기본법 121 ③).

---

8) **납부신청을 하도록 통고처분을 받은 자**가 그 통고에 따라 납부신청을 하고 몰수 대상이 되는 물품을 가지고 있는 경우에는 공매나 그 밖에 필요한 처분을 할 때까지 그 물품을 보관하여야 한다(지방세기본법 121 ②).

1) 공소시효의 중단

통고처분이 있으면 공소시효는 중단된다(지방세기본법 122).

2) 일사부재리

범칙자가 통고받은 대로 이행하였을 때에는 동일한 사건에 대하여 소추받지 아니한다(지방세기본법 123).

3) 고발의무

지방자치단체의 장은 **통고처분을 받은 자가 통고서를 송달받은 날부터 15일 이내에 통고받은 대로 이행하지 아니한 경우**에는 **고발**하여야 한다. 다만, 15일이 지났더라도 고발되기 전에 통고받은 대로 이행하였을 때에는 고발하지 아니한다(지방세기본법 124 ①).

(4) 형사소송법의 준용

범칙사건조사공무원은 「형사소송법」의 규정에 준용하여 **문서를 작성하고 송달**하여야 한다(지방세기본령 72 ③).

(5) 벌금상당액의 부과기준

벌금상당액의 부과기준은 **별표 2**와 같다(지방세기본령 72 ②).

[별표 2]

벌금상당액 부과기준(제72조제2항 관련)

1. 일반기준

가. 제2호의 개별기준에 따른 범칙행위의 위반횟수에 따른 벌금상당액의 부과기준은 해당 범칙행위가 있은 날 이전 최근 3년간 같은 범칙행위로 통고처분이나 유죄의 확정판결을 받은 경우에 적용한다.

나. 법 제102조제1항의 지방세의 포탈을 상습적으로 범한 경우에는 제2호의 개별기준에 따른 벌금상당액의 100분의 50을 가중한다.

다. 법 제102조제1항에 따른 지방세 포탈을 한 자가 범칙사건조사공무원이 범칙사건조사를 시작하기 전에 법 제49조에 따른 수정신고(이하 "수정신고"라 한다)를 하거나 법 제51조에 따른 기한 후 신고(이하 "기한 후 신고"라 한다)를 한 경우(추가납부할 세액을 납부하지 않은 경우는 제외한다)에는 제2호의 개별기준에 따른 벌금상당액에서 다음의 기준에 따른 금액을 감경한다.

1) 법정신고기한의 다음 날부터 6개월이 되는 날 이전에 수정신고를 하거나 법정신고기한의 다음 날부터 1개월이 되는 날 이전에 기한 후 신고를 한 경우: 제2호의 개별기준에 따른 벌금상당액의 100분의 50

2) 법정신고기한의 다음 날부터 6개월 초과 1년 이전에 수정신고를 한 경우: 제2호의 개별기준에 따른 벌금상당액의 100분의 20

3) 법정신고기한의 다음 날부터 1년 초과 2년 이내에 수정신고를 한 경우: 제2호의 개별기준에 따른 벌금상당액의 100분의 10

라. 다른 사람의 범칙행위를 방조한 자는 그 범칙행위에의 가담 정도에 따라 제2호의 개별기준에 따른 벌금상당액을 감경할 수 있다.

마. 범칙행위자가 심신장애로 인하여 사물을 분별하거나 의사를 결정할 능력이 미약한 사람이거나 청각 또는 언어 장애가 있는 사람인 경우에는 제2호의 개별기준에 따른 벌금상당액의 100분의 50에 해당하는 금액을 감경한다.

바. 범칙행위가 경합하는 경우에는 다음의 기준에 따라 벌금상당액을 산정한다.

1) 법 제103조부터 제106조까지의 규정에 따른 범칙행위가 경합하는 경우에는 각 범칙행위에 대한 벌금상당액 중 가장 무거운 벌금상당액에 그 2분의 1을 가중한다. 다만, 가중하는 경우에도 각 범칙행위에 대한 벌금상당액을 합산한 금액을 초과할 수 없다.

2) 법 제102조 및 제107조의 규정에 따른 범칙행위가 경합하는 경우에는 각 범칙행위에 대한 벌금상당액을 합산한다.

3) 1)에 따른 범칙행위와 2)에 따른 범칙행위가 경합하는 경우에는 각 범칙행위에 대한 벌금상당액을 산정하여 합산한다.

사. 가목부터 바목까지의 규정에 따른 가중·감경 사유가 경합하는 경우에는 다음의 순서에 따라 제2호의 개별기준에 따른 벌금상당액을 가중하

거나 감경한다.

1) 가목의 위반 횟수에 의한 가중
2) 나목의 상습에 의한 가중
3) 다목의 수정신고 등에 의한 감경
4) 라목의 가담정도에 의한 감경
5) 마목의 심신미약 등에 의한 감경
6) 바목의 범칙행위 경합에 의한 가중

아. 가목부터 사목까지의 규정에 따라 벌금상당액을 산정한 결과 10원 미만의 끝수가 있으면 이를 버린다.

자. 가목부터 사목까지의 규정에 따라 산정된 벌금상당액이 법에 따라 산정된 벌금액의 상한을 초과하는 경우에는 법에 따라 산정된 벌금액의 상한을 벌금상당액으로 본다.

2. 개별기준

범칙행위	벌금상당액		
	1차 위반	2차 위반	3차 이상 위반
가. 법 제102조제1항에 따른 지방세 포탈을 한 경우			
1) 법 제102조제1항 본문에 해당하는 경우	탈세액 또는 환급·공제받은 세액의 0.5배의 금액	탈세액 또는 환급·공제받은 세액의 1배의 금액	탈세액 또는 환급·공제받은 세액의 2배의 금액
2) 법 제102조제1항 단서에 해당하는 경우	탈세액 또는 환급·공제받은 세액의 0.5배의 금액	탈세액 또는 환급·공제받은 세액의 2배의 금액	탈세액 또는 환급·공제받은 세액의 3배의 금액
나. 법 제103조제1항 또는 제2항에 따른 범칙행위를 한 경우	체납액. 다만, 재산가액(「상속세 및 증여세법」 제60조부터 제66조까지의 규정에 따라 평가한 가액)이 체납액보다 적은 경우에는 그 재산가액을 벌금상당액으로 한다.	체납액의 2배에 해당하는 금액. 다만, 재산가액(「상속세 및 증여세법」 제60조부터 제66조까지의 규정에 따라 평가한 가액)이 체납액보다 적은 경우에는 그 재산가액을 벌금상당액으로 한다.	체납액의 2배에 해당하는 금액. 다만, 재산가액(「상속세 및 증여세법」 제60조부터 제66조까지의 규정에 따라 평가한 가액)이 체납액보다 적은 경우에는 그 재산가액을 벌금상당액으로 한다.

다. 법 제103조제3항에 따른 범칙행위를 한 경우	나목의 1차 위반에 따른 금액의 3분의 2에 해당하는 금액	나목의 1차 위반에 따른 금액의 3분의 4에 해당하는 금액	나목의 1차 위반에 따른 금액의 3분의 4에 해당하는 금액
라. 법 제104조에 따른 범칙행위를 한 경우	소각·파기하거나 은닉한 장부의 연도 및 그 직전 연도에 지방세를 신고납부 했거나 신고납부 했어야 할 지방세 과세표준 금액 또는 이에 준하는 금액의 1년간 평균액의 100분의 10에 해당하는 금액. 다만, 그 금액이 500만원 미만인 경우에는 500만원을 벌금상당액으로 한다.	소각·파기하거나 은닉한 장부의 연도 및 그 직전 연도에 지방세를 신고납부 했거나 신고납부 했어야 할 지방세 과세표준 금액 또는 이에 준하는 금액의 1년간 평균액의 100분의 20에 해당하는 금액. 다만, 그 금액이 500만원 미만인 경우에는 500만원을 벌금상당액으로 한다.	소각·파기하거나 은닉한 장부의 연도 및 그 직전 연도에 지방세를 신고납부 했거나 신고납부 했어야 할 지방세 과세표준 금액 또는 이에 준하는 금액의 1년간 평균액의 100분의 20에 해당하는 금액. 다만, 그 금액이 500만원 미만인 경우에는 500만원을 벌금상당액으로 한다.
마. 법 제105조제1항에 따른 범칙행위를 한 경우	1천만원	2천만원	2천만원
바. 법 제105조제2항에 따른 범칙행위를 한 경우	500만원	1천만원	1천만원
사. 법 제106조제1항에 따른 범칙행위를 한 경우	지방세를 회피하거나 강제집행을 면탈한 세액의 0.5배의 금액. 다만, 그 금액이 50만원 미만이거나 지방세를 회피하거나 강제집행을 면탈한 세액이 없는 경우에는 50만원을 벌금상당액으로 한다.	지방세를 회피하거나 강제집행을 면탈한 세액. 다만, 그 금액이 50만원 미만이거나 지방세를 회피하거나 강제집행을 면탈한 세액이 없는 경우에는 50만원을 벌금상당액으로 한다.	지방세를 회피하거나 강제집행을 면탈한 세액. 다만, 그 금액이 50만원 미만이거나 지방세를 회피하거나 강제집행을 면탈한 세액이 없는 경우에는 50만원을 벌금상당액으로 한다.

아. 법 제106조제2항에 따른 범칙행위를 한 경우	사목의 1차 위반에 따른 벌금상당액의 2분의 1에 해당하는 금액. 다만, 그 금액이 50만원 미만이거나 지방세를 회피하거나 강제집행을 면탈한 세액이 없는 경우에는 50만원을 벌금상당액으로 한다.	사목의 1차 위반에 따른 벌금상당액. 다만, 그 금액이 50만원 미만이거나 지방세를 회피하거나 강제집행을 면탈한 세액이 없는 경우에는 50만원을 벌금상당액으로 한다.	사목의 1차 위반에 따른 벌금상당액. 다만, 그 금액이 50만원 미만이거나 지방세를 회피하거나 강제집행을 면탈한 세액이 없는 경우에는 50만원을 벌금상당액으로 한다.
자. 법 제107조제1항에 따른 범칙행위를 한 경우	징수하지 않은 세액. 다만, 그 금액이 50만원 미만인 경우에는 50만원을 벌금상당액으로 한다.	징수하지 않은 세액의 2배에 해당하는 금액. 다만, 그 금액이 50만원 미만인 경우에는 50만원을 벌금상당액으로 한다.	징수하지 않은 세액의 2배에 해당하는 금액. 다만, 그 금액이 50만원 미만인 경우에는 50만원을 벌금상당액으로 한다.
차. 법 제107조제2항에 따른 범칙행위를 한 경우	납부하지 않은 세액. 다만, 그 금액이 100만원 미만인 경우에는 100만원을 벌금상당액으로 한다.	납부하지 않은 세액의 2배에 해당하는 금액. 다만, 그 금액이 100만원 미만인 경우에는 100만원을 벌금상당액으로 한다.	납부하지 않은 세액의 2배에 해당하는 금액. 다만, 그 금액이 100만원 미만인 경우에는 100만원을 벌금상당액으로 한다.

3.3 고발

(1) 고발의 종류

1) 통고처분 불이행시 고발

지방자치단체의 장은 **통고처분을 받은 자가 통고서를 송달받은 날부터 15일 이내에 통고받은 대로 이행하지 아니한 경우**에는 **고발**하여야 한다. 다만, 15일이 지났더라도 고발되기 전에 통고받은 대로 이행하였을 때에는 고발하지 아니한다(지방세기본법 124 ①).

2) 즉시고발

지방자치단체의 장은 다음의 어느 하나에 해당하는 경우에는 **통고처분을 거치지 아니하고** 대상자를 **즉시 고발**하여야 한다(지방세기본법 124 ②).

① 정상에 따라 징역형에 처할 것으로 판단되는 경우

② 통고대로 이행할 자금이나 납부 능력이 없다고 인정되는 경우

③ 거소가 분명하지 아니하거나 서류를 받기를 거부하여 통고처분을 할 수 없는 경우

④ 도주하거나 증거를 인멸할 우려가 있는 경우

(2) 고발시 압수물건의 인계

지방자치단체의 장은 **고발한 경우 압수물건이 있을 때**에는 압수목록을 첨부하여 검사에게 인계하여야 한다(지방세기본법 125 ①).

지방자치단체의 장은 **소유자 등이 보관하는 것**에 대해서는 검사에게 보관증을 인계하고, 소유자등에게 압수물건을 검사에게 인계하였다는 사실을 통지하여야 한다(지방세기본법 125 ②).

3.4 무혐의처리: 무혐의 통지 및 압수의 해제

지방자치단체의 장은 범칙사건조사를 하여 **범칙의 확증을 갖지 못하였을 때**에는 그 뜻을 범칙 혐의자에게 통지하고 물건을 압수하였을 때에는 압수 해제를 명하여야 한다(지방세기본법 126).

제10장 과세자료의 제출 및 관리

제1절 과세자료의 정의와 범위

지방세의 부과·징수와 납세의 관리를 위하여 각종 과세자료를 체계적으로 수집하고 관리하기 위하여 「지방세기본법」에서는 별도의 규정을 두고 있다.

1. 과세자료 정의

과세자료는 **과세자료제출기관이 직무상 작성하거나 취득하여 관리하는 자료**로서 **지방세의 부과·징수와 납세의 관리에 필요한 자료**를 말한다(지방세기본법 2 (35)).

2. 과세자료제출기관의 범위

과세자료를 제출하여야 하는 기관 등(**과세자료제출기관**)은 다음과 같다(지방세기본법 127).

① 「국가재정법」에 따른 독립기관 및 중앙관서(독립기관 및 중앙관서의 업무를 위임받거나 위탁받은 기관을 포함)와 그 하급행정기관 및 보조기관

② 지방자치단체 및 지방자치단체의 업무를 위임받거나 위탁받은 기관과 지방자치단체조합(지방자치단체 등)

③ 「금융위원회의 설치 등에 관한 법률」에 따른 금융감독원과 「금융실명거래 및 비밀보장에 관한 법률」에 규정된 은행, 회사, 조합 및 그

중앙회, 금고 및 그 연합회, 보험회사, 체신관서 등 법인·기관 또는 단체

④ 공공기관 및 정부의 출연·보조를 받는 기관이나 단체

⑤ 「지방공기업법」에 따른 지방직영기업·지방공사·지방공단 및 지방자치단체의 출연·보조를 받는 기관이나 단체

⑥ 「민법」을 제외한 다른 법률에 따라 설립되거나 국가 또는 지방자치단체 등의 지원을 받는 기관이나 단체로서 이들의 업무에 관하여 ①이나 ②에 따른 기관으로부터 감독 또는 감사·검사를 받는 기관이나 단체, 그 밖에 공익 목적으로 설립된 기관이나 단체 중 일정한 기관이나 단체[1)]

3. 과세자료의 범위

과세자료제출기관이 제출하여야 하는 **과세자료**는 다음의 어느 하나에 해당하는 자료로서 **지방세의 부과·징수와 납세의 관리에 직접적으로 필요한 자료**로 한다(지방세기본법 128 ①).

① 법률에 따라 인가·허가·특허·등기·등록·신고 등을 하거나 받는 경우 그에 관한 자료

② 법률에 따라 하는 조사·검사 등의 결과에 관한 자료

---

1) **일정한 기관이나 단체**는 다음 각 기관이나 단체를 말한다(지방세기본령 73).

① 「건설산업기본법」에 따른 공제조합
② 「공인노무사법」에 따른 공인노무사회
③ 「관세사법」에 따른 관세사회
④ 「국민건강보험법」에 따른 국민건강보험공단
⑤ 「국민연금법」에 따른 국민연금공단
⑥ 「기술사법」에 따른 기술사회
⑦ 「법무사법」에 따른 대한법무사협회
⑧ 「변호사법」에 따른 대한변호사협회
⑨ 「보험업법」에 따른 보험요율 산출기관
⑩ 「산업재해보상보험법」에 따른 근로복지공단
⑪ 「세무사법」에 따른 한국세무사회
⑫ 「여신전문금융업법」에 따른 여신전문금융업협회
⑬ 「해외건설 촉진법」에 따른 해외건설협회
⑭ 「환경영향평가법」에 따른 환경영향평가협회

③ 법률에 따라 보고받은 영업·판매·생산·공사 등의 실적에 관한 자료

④ 과세자료제출기관이 지급하는 각종 보조금·보험급여·공제금 등의 지급 현황 및 일정한 기관이나 단체[2]의 회원·사업자 등의 사업실적에 관한 자료

⑤ 「지방세기본법」 및 지방세관계법에 따라 체납된 지방세(지방세와 함께 부과하는 국세를 포함)의 징수를 위하여 필요한 자료

2) **일정한 기관이나 단체**는 위의 각주에서 설명한 각 기관이나 단체를 말한다(지방세기본령 73).

제2절 과세자료의 제출

1. 과세자료의 제출방법

1.1 과세자료의 제출시기

과세자료제출기관의 장은 **분기별**로 **분기 만료일이 속하는 달의 다음 달 말일까지** 행정안전부장관 또는 지방자치단체의 장에게 과세자료를 **제출**하여야 한다. 다만, 과세자료의 발생빈도와 활용시기 등을 고려하여 그 과세자료의 제출시기를 달리 정할 수 있다(지방세기본법 129 ①).[3)]

1.2 과세자료의 범위 및 제출시기

과세자료제출기관이 제출하여야 하는 과세자료의 구체적인 범위와 **과세자료를 제출받을 기관 및 과세자료 제출시기**는 [**별표 3**(과세자료의 구체적인 범위 및 제출시기 등(제74조 관련))]과 같다(지방세기본령 74).

2. 과세자료의 수집에 관한 협조 요청

행정안전부장관은 **지방세정보통신망의 운영을 위하여 필요하다고 인정하는 경우**에는 **과세자료 외의 자료로서 과세자료로 활용할 가치가 있다고**

---

3) 과세자료제출기관의 장은 과세자료를 제출하는 경우에는 그 기관이 접수하거나 작성한 과세자료의 목록을 함께 제출하여야 한다(지방세기본법 129 ②).
과세자료의 목록을 제출받은 행정안전부장관 또는 지방자치단체의 장은 이를 확인한 후 제출받은 과세자료에 빠진 것이 있거나 보완이 필요하다고 인정되면 과세자료를 제출한 기관에 대하여 과세자료를 추가하거나 보완하여 제출할 것을 요구할 수 있다(지방세기본법 129 ③).
과세자료제출기관은 행정안전부장관 또는 지방자치단체의 장으로부터 과세자료의 추가 또는 보완을 요구받은 경우에는 정당한 사유가 없으면 요구받은 날부터 15일 이내에 요구에 따라야 한다(지방세기본령 75).

인정되는 자료가 있으면 그 자료를 보유하고 있는 과세자료제출기관의 장에게 그 자료의 수집에 협조하여 줄 것을 요청할 수 있다(지방세기본법 130 ①).

지방자치단체의 장은 **과세자료 외의 자료로서 과세자료로 활용할 가치가 있다고 인정되는 자료**가 있으면 그 자료를 보유하고 있는 과세자료제출기관의 장에게 그 자료의 수집에 협조하여 줄 것을 요청할 수 있다(지방세기본법 130 ②).

과세자료의 수집에 관한 협조 요청을 받은 해당 과세자료제출기관의 장은 **정당한 사유가 없으면 협조**하여야 한다(지방세기본법 130 ③).

3. 과세자료제출기관의 책임

과세자료제출기관의 장은 그 소속 공무원이나 임직원이 **과세자료의 제출의무를 성실하게 이행하는지를 수시로 점검**하여야 한다(지방세기본법 131 ①). 행정안전부장관 또는 지방자치단체의 장은 과세자료제출기관 또는 그 소속 공무원이나 임직원이 **과세자료의 제출의무를 성실하게 이행하지 아니하면** 그 기관을 감독하거나 감사·검사하는 기관의 장에게 그 사실을 통보하여야 한다(지방세기본법 131 ②).

제3절 과세자료의 관리

1. 비밀유지의무

행정안전부 및 지방자치단체 소속 **공무원**은 제출받은 **과세자료**(과세자료의 수집에 관한 협조 요청 규정에 따라 수집한 자료를 포함)**를 타인에게 제공 또는 누설하거나 목적 외의 용도로 사용**하여서는 아니 된다. 다만, 다음 각 경우에는 **제공**할 수 있다(지방세기본법 132 ①).

① 비밀유지 규정(86 ① 단서 및 ②)에 따라 제공하는 경우

② 지방세 관련 정보의 효율적 관리와 전자신고, 전자납부, 전자송달 등 납세편의를 위하여 지방세정보통신망을 설치하고 업무를 처리하기 위하여 과세자료를 제공하는 경우

행정안전부 및 지방자치단체 소속 **공무원**은 비밀유지의무 규정을 위반하는 과세자료의 제공을 요구받으면 이를 **거부**하여야 한다(지방세기본법 132 ②).

비밀유지 규정의 단서 및 과세정보의 제공 규정(111 ① 단서 및 ②)에 따라 과세자료를 제공받은 자는 이를 타인에게 제공 또는 누설하거나 그 목적 외의 용도로 사용하여서는 아니 된다(지방세기본법 132 ③).

2. 비밀유지의무 위반에 대한 처벌

비밀유지의무 규정을 위반하여 **과세자료를 타인에게 제공 또는 누설하거나 목적 외의 용도로 사용한 자**는 3년 이하의 징역 또는 1천만원 이하의 벌금에 처한다(지방세기본법 133). 이 경우 징역과 벌금은 병과할 수 있다(지방세기본법 134).

제11장 지방세 업무의 정보화

1. 지방세 업무의 정보화

지방자치단체의 장은 지방세 업무의 효율성과 투명성을 높이기 위하여 **지방세정보통신망을 이용하여 「지방세기본법」 또는 지방세관계법에 규정된 업무를 처리**하여야 한다. 다만, **장애가 있는 경우**에는 그러하지 아니하다(지방세기본법 135 ①).[1)]

행정안전부장관은 지방세 관련 정보의 효율적 관리와 전자신고, 전자납부, 전자송달 등 납세편의를 위하여 지방세정보통신망을 설치하고, 다음 **각 업무를 처리**한다(지방세기본법 135 ②).

① 과세자료의 제출 규정에 따라 받은 과세자료 및 과세자료의 수집에 관한 협조 요청 규정에 따라 수집한 자료의 제공(지방자치단체의 장에게 제공하는 경우로 한정함) 및 관리

② 행정안전부장관이 지방세 업무의 정보화, 지방세 운영에 대한 지도 및 「지방세징수법」 의 고액·상습체납자의 명단공개에 따른 업무를 처리하기 위하여 과세정보를 요구하는 경우(86 ① (5))에 따라 알게 된 과세정보의 제공. 다만, 다음의 어느 하나에 해당하는 경우에만 제공할 수 있다.

㉠ 국가기관이 조세의 부과 또는 징수의 목적에 사용하기 위하여 요구하는 경우

㉡ 통계청장이 국가통계작성 목적으로 요구하는 경우

㉢ 「사회보장기본법」에 따른 사회보험의 운영을 목적으로 설립된

1) 행정안전부장관 및 지방자치단체의 장은 지방세정보통신망의 운영 등 지방세와 관련된 정보화 사업의 효율적인 추진을 위하여 지방세 관련 정보화 업무를 「전자정부법」에 따른 한국지역정보개발원에 위탁할 수 있다(지방세기본법 135 ⑤).

기관이 관련 법률에 따른 소관업무의 수행을 위하여 요구하는 경우
㉣ 라. 국가기관, 지방자치단체 및 「공공기관의 운영에 관한 법률」에 따른 공공기관이 급부·지원 등을 위한 자격심사를 위하여 당사자의 동의를 받아 요구하는 경우
㉤ 「지방세외수입금의 징수 등에 관한 법률」에 따른 업무를 처리하기 위하여 필요하다고 인정하는 경우
㉥ 다른 법률에 따른 요구가 있는 경우

③ 지방자치단체의 장이 필요로 하는 지방세 부과·징수, 조세쟁송, 세무조사, 체납확인 및 체납처분에 필요한 정보의 제공
④ 통계의 작성 및 공개 규정(149)에 따라 지방자치단체로부터 받은 지방세 통계자료 등의 관리
⑤ 전자신고, 전자납부, 전자송달 등 납세편의를 위한 서비스 제공
⑥ 그 밖에 납세자의 편의를 위한 서비스 제공

행정안전부장관은 지방세 업무의 효율성 및 투명성을 높이고, 납세자의 편의를 위하여 **지방세 업무와 관련된 다른 정보처리시스템과의 연계방안을 마련**하여 시행할 수 있다(지방세기본법 135 ③).

2. 지방세수납정보시스템 운영계획의 수립·시행

행정안전부장관은 납세자가 **모든 지방자치단체의 지방세를 편리하게 조회하고 납부**할 수 있도록 하기 위하여 다음 각 사항을 포함하는 **지방세수납정보시스템 운영계획을 수립·시행**하여야 한다(지방세기본법 136 ①).

① 지방세정보통신망과 지방세수납대행기관 정보통신망의 연계
② 지방세 납부의 실시간 처리 및 안전한 관리와 수납통합처리시스템의 운영
③ 지방세 납부의 편의성 제고를 위한 각종 서식의 개선
④ 지방세의 전국적인 조회·납부·수납처리 절차 및 성능 개선과 안전성 제고에 관한 사항
⑤ 그 밖에 일정한 지방세수납정보시스템과 관련된 기관의 범위 등 운

영계획의 수립·시행에 필요한 사항2)

행정안전부장관은 지방세수납정보시스템 운영계획을 수립·시행할 때에는 **납세자의 편의성**을 우선적으로 고려하여야 하며, **지방세수납정보시스템의 이용에 지역 간 차별이 없도록** 하여야 한다(지방세기본법 136 ②).

3. 지방세입 정보관리 전담기구의 설치

지방세입(**지방세와 지방세외수입**을 말함)의 **부과·징수에 필요한 자료 등의 수집·관리 및 제공**을 위하여 행정안전부에 **지방세입 정보관리 전담기구**를 설치할 수 있다(지방세기본법 137 ①).

4. 전자송달, 전자납부 등에 대한 우대

지방세정보통신망 또는 연계정보통신망을 통한 전자송달을 신청한 자와 전자납부를 한 자 또는 납부기한보다 앞서 지방세를 납부한 자에 대해서는 지방자치단체가 **조례**로 정하는 바에 따라 우대할 수 있다(지방세기본법 138).

---

2) 지방세수납정보시스템 관련 기관의 범위: 지방세수납정보시스템과 관련된 기관은 다음 각 기관으로 한다(지방세기본령 76).
① 지방자치단체
② 지방자치단체의 금고
③ 지방세수납대행기관
④ 「지방회계법」에 따른 세입금통합수납처리시스템의 약정 당사자
⑤ 「지방세법」에 따라 면허에 대한 등록면허세의 납부 여부를 확인하여야 하는 면허부여기관

제12장 보칙

「지방세기본법」에서는 지방세의 과세권을 확보하고 지방세의 부과·징수를 원활하게 하기 위하여 납세관리인, 세무공무원의 질문·검사권, 고액·상습체납자의 명단공개 등의 제도를 두고 있다.

1. 납세관리인

1.1 납세관리인의 선임

국내에 주소 또는 거소를 두지 아니하거나 국외로 주소 또는 거소를 이전하려는 납세자는 **지방세에 관한 사항을 처리**하기 위하여 납세관리인을 정하여야 한다(지방세기본법 139 ①).

1.2 납세관리인의 신고

납세관리인을 정한 납세자는 지방자치단체의 장에게 **신고**하여야 한다. 납세관리인을 **변경하거나 해임할 때**에도 또한 같다(지방세기본법 139 ②).

(1) 납세관리인의 지정 신고

납세관리인 **지정의 신고**를 하려는 자는 다음 각 사항을 적은 **신고서**를 지방자치단체의 장에게 **제출**하여야 한다(지방세기본령 77 ①).

① 납세자의 성명과 주소 또는 영업소

② 납세관리인의 성명과 주소 또는 영업소

③ 지정의 이유

(2) 납세관리인의 변경 또는 해임 신고

납세관리인의 **변경 또는 해임의 신고**를 하려는 자는 다음 각 사항을 적은 **신고서**를 지방자치단체의 장에게 **제출**하여야 한다(지방세기본령 77 ②).

① 납세자의 성명과 주소 또는 영업소
② 납세관리인의 성명과 주소 또는 영업소
③ 변경 후의 납세관리인의 성명과 주소 또는 영업소(변경신고의 경우에만 해당함)
④ 변경의 이유(변경신고의 경우에만 해당함)

(3) 납세관리인의 변경

지방자치단체의 장은 **신고된 납세관리인이 부적당하다고 인정될 때**에는 납세자에 대하여 기한을 지정하여 그 변경을 요구할 수 있다(지방세기본령 78 ①).

지방자치단체의 장은 납세관리인의 변경 요구를 받은 납세자가 그 지정 기한까지 **납세관리인 변경의 신고를 하지 아니하였을 때**에는 납세관리인의 지정이 없는 것으로 보고, 납세자의 재산이나 사업의 관리인을 납세관리인으로 지정할 수 있다(지방세기본령 78 ②).

1.3 납세관리인의 지정

지방자치단체의 장은 납세자가 **신고를 하지 아니하면** 납세자의 재산이나 사업의 관리인을 납세관리인으로 지정할 수 있다(지방세기본법 139 ③). 지방자치단체의 장은 **납세관리인을 지정하였을 때**에는 그 납세자와 그 납세관리인에게 지체 없이 통지하여야 한다(지방세기본령 78 ③).

1.4 재산의 사용수익자의 납세관리인 신고 및 지정

재산세의 납세의무자는 **해당 재산을 직접 사용·수익하지 아니하는 경우**에는 그 재산의 사용자、수익자를 납세관리인으로 지정하여 신고할 수 있다(지방세기본법 139 ④).

지방자치단체의 장은 재산세의 납세의무자가 **재산의 사용자·수익자를 납세관리인으로 지정하여 신고하지 아니하는 경우**에도 그 재산의 사용자

ㆍ수익자를 납세관리인으로 지정할 수 있다(지방세기본법 139 ⑤).

1.5 신탁재산 위탁자의 납세관리인 신고 및 지정

「지방세법」에 따른 신탁재산의 재산세 납세의무자는 위탁자를 납세관리인으로 지정하여 신고할 수 있다(지방세기본법 139 ⑥).

2. 세무공무원의 질문·검사권

세무공무원은 지방세의 **부과·징수에 관련된 사항을 조사하기 위하여 필요할 때**에는 다음 각 자에게 **질문**하거나 그 자의 장부, 서류, 그 밖의 물건을 **검사**할 수 있다(지방세기본법 140 ①).

① 납세의무자 또는 납세의무가 있다고 인정되는 자
② 특별징수의무자
③ ① 또는 ②의 자와 금전 또는 물품을 거래한 자 또는 그 거래를 하였다고 인정되는 자
④ 그 밖에 지방세의 부과·징수에 직접 관계가 있다고 인정되는 자

질문 또는 검사를 하는 경우에 세무공무원은 신분을 증명하는 **증표**를 지니고 관계인에게 내보여야 한다(지방세기본법 140 ②).[1)]

세무공무원은 **조사에 필요한 경우** 위에서 열거하는 자로 하여금 보고하게 하거나 그 밖에 필요한 장부, 서류 및 물건의 제출을 요구할 수 있다(지방세기본법 140 ③).

3. 매각·등기·등록 관계 서류의 열람 등

세무공무원이 취득세 및 재산세를 부과·징수하기 위하여 토지·건축물

---

1) **자격증명서**: 신분을 증명하는 증표는 세무공무원에 대하여 지방자치단체의 장이 다음 각 사항을 증명한 **증표**로 한다(지방세기본령 79).
① 소속
② 직위, 성명 및 생년월일
③ 질문·검사·수사 또는 지방세 체납자의 재산압류 권한에 관한 사항

등 **과세물건의 매각·등기·등록 및 그밖의 현황에 대한 관계 서류의 열람 또는 복사를 요청하는 경우** 관계 기관은 협조하여야 한다(지방세기본법 141).

4. 지급명세서 자료의 이용

「금융실명거래 및 비밀보장에 관한 법률」에도 불구하고 세무공무원은 「지방세법」에 따라 제출받은 **이자소득 또는 배당소득에 대한 지급명세서**를 다음 각 용도에 이용할 수 있다(지방세기본법 142).

① 지방세 탈루의 혐의를 인정할 만한 명백한 자료의 확인

② 체납자의 재산조회와 체납처분

5. 교부금전의 예탁

「지방세기본법」 또는 지방세관계법과 그 법의 위임에 의하여 제정된 **조례**에 따라 채권자, 납세자, 그 밖의 자에게 교부할 금전은 「지방회계법」에 따라 지정된 금고에 예탁할 수 있다(지방세기본법 143 ①). 세무공무원은 예탁하였을 때에는 채권자, 납세자, 그 밖의 자에게 알려야 한다(지방세기본법 143 ②).

6. 장부 등의 비치와 보존

납세자는 「지방세기본법」 및 지방세관계법에서 규정하는 바에 따라 **장부 및 증거서류를 성실하게 작성하여 갖춰 두어야** 한다(지방세기본법 144 ①). 장부 및 증거서류는 **법정신고기한이 지난 날부터 5년간 보존**하여야 한다(지방세기본법 144 ②).

납세자는 **장부와 증거서류의 전부 또는 일부를 전산조직을 이용하여 작성**할 수 있다. 이 경우 그 처리과정 등을 일정한 기준[2]에 따라 자기테이프, 디스켓 또는 그 밖의 정보보존 장치에 보존하여야 한다(지방세기본법 144 ③).

장부 등의 비치와 보존 규정을 적용하는 경우 「전자문서 및 전자거래 기본법」에 따른 **전자화문서로 변환하여 공인전자문서센터에 보관하였을 때**에는 장부 및 증거서류를 갖춘 것으로 본다. 다만, 계약서 등 위조·변조하기 쉬운 장부 및 증거서류로서 일정한 것은 그러하지 아니하다(지방세기본법 144 ④).

7. 서류접수증 교부

7.1 서류접수증의 교부

지방자치단체의 장은 다음의 어느 하나에 해당하는 **서류를 제출받으면 접수증**을 내주어야 한다(지방세기본법 145 ① 본문, 지방세기본령 81 ①).

① 과세표준신고서, 과세표준수정신고서, 경정청구서 또는 과세표준신고·과세표준수정신고·경정청구와 관련된 서류

② 과세전적부심사청구서, 이의신청서, 심사청구서 및 심판청구서

③ 「지방세기본법」 또는 지방세관계법에 따라 제출기한이 정해진 서류

④ 그 밖에 지방자치단체의 장이 납세자의 권익보호에 필요하다고 인정하여 지정한 서류

---

2) **일정한 기준**은 다음 각 기준을 말한다(지방세기본령 80 ①).

① 자료를 저장하거나 저장된 자료를 수정·추가 또는 삭제하는 절차·방법 등이 마련되어 있고 해당 정보보존 장치의 생산과 이용에 관련된 전산조직의 개발과 운영에 관한 기록을 보관할 것

② 정보보존 장치에 저장된 자료의 내용을 쉽게 확인할 수 있도록 하거나 이를 문서화할 수 있는 장치와 절차가 마련되어 있어야 하며, 필요시 다른 정보보존 장치에 복제가 가능하도록 되어 있을 것

③ 정보보존 장치가 거래 내용 및 변동사항을 포괄하고 있어야 하며, 과세표준과 세액을 결정할 수 있도록 검색과 이용이 가능한 형태로 보존되어 있을 것

7.2 서류접수증의 교부 제외

지방자치단체의 장은 과세표준신고서 등의 서류를 우편이나 팩스로 제출하는 경우에는 접수증을 내주지 아니할 수 있다(지방세기본법 145 ① 단서, 지방세기본령 81 ②).

7.3 접수사실의 전자적 통보

지방자치단체의 장은 과세표준신고서 등을 **지방세정보통신망으로 제출받은 경우**에는 그 접수사실을 전자적 형태로 통보할 수 있다(지방세기본법 145 ②).

8. 포상금의 지급

8.1 포상금의 지급

(1) 포상금의 지급대상

지방자치단체의 장은 다음의 어느 하나에 해당하는 자에게는 예산의 범위에서 **포상금을 지급**할 수 있다. 이 경우 포상금은 **1억원을 초과할 수 없다**(지방세기본법 146 ①, 지방세기본령 82 ①②).

① 지방세를 탈루한 자의 탈루세액 또는 부당하게 환급·감면받은 세액을 산정하는 데 중요한 자료를 제공한 자. 중요한 자료를 제공한 자에게는 탈루세액 또는 부당하게 환급·감면받은 세액(**탈루세액 등**)에 다음의 지급률을 곱하여 계산한 금액을 포상금으로 지급할 수 있다.

탈루세액등	지급률
3천만원 이상 1억원 이하	100분의 15
1억원 초과 5억원 이하	1,500만원 + 1억원을 초과하는 금액의 100분의 10
5억원 초과	5,500만원 + 5억원을 초과하는 금액의 100분의 5

② 체납자의 은닉재산을 신고한 자. 은닉재산을 신고한 자에게는 은닉재

산의 신고를 통하여 징수된 금액(**징수금액**)에 다음의 지급률을 곱하여 계산한 금액을 포상금으로 지급할 수 있다.

징수금액	지급률
1천만원 이상 5천만원 이하	100분의 15
5천만원 초과 1억원 이하	750만원 + 5천만원을 초과하는 금액의 100분의 10
1억원 초과	1,250만원 + 1억원을 초과하는 금액의 100분의 5

③ 버려지거나 숨은 세원(稅源)을 찾아내어 부과하게 한 자
④ 행정안전부령으로 정하는 체납액 징수에 기여한 자
⑤ ①부터 ④까지의 규정에 준하는 경우로서 지방자치단체의 장이 지방세 징수에 특별한 공적이 있다고 인정하는 자

(2) 포상금을 지급하지 않은 경우

위 (1)의 ① 및 ②의 경우 **탈루세액, 부당하게 환급·감면받은 세액, 은닉재산의 신고를 통하여 징수된 금액이 탈루세액 등의 경우에는 3천만원, 징수금액의 경우는 1천만원 미만인 경우** 또는 공무원이 직무와 관련하여 자료를 제공하거나 은닉재산을 신고한 경우에는 포상금을 지급하지 아니한다(지방세기본법 146 ②, 지방세기본령 82 ④).

(3) 포상금 지급액

포상금 지급대상, 지급기준, 지급방법 등에 필요한 사항은 지방자치단체의 **조례**로 정한다(지방세기본법 146 ⑧).

8.2 중요한 자료와 은닉자료

(1) 중요한 자료

중요한 자료는 다음 각 구분에 따른 자료 또는 정보를 말한다(지방세기본법 146 ③, 지방세기본령 82 ⑤).

① 지방세 탈루 또는 부당하게 환급·감면받은 내용을 확인할 수 있는

거래처, 거래일 또는 거래기간, 거래품목, 거래수량 및 금액 등 구체적 사실이 기재된 자료 또는 장부(자료 또는 장부 제출 당시에 납세자의 부도·폐업 또는 파산 등으로 인하여 과세실익이 없다고 인정되는 것과 세무조사가 진행 중인 것은 제외. "자료 등"이라 함)

② 자료 등의 소재를 확인할 수 있는 구체적인 정보

③ 그 밖에 지방세 탈루 또는 부당하게 환급·감면받은 수법, 내용, 규모 등의 정황으로 보아 중요하다고 인정할 만한 자료등으로서 다음의 어느 하나에 해당하는 자료 또는 정보(자료 등)를 말한다.

㉠ 지방세 탈루 또는 부당한 환급·감면과 관련된 회계부정 등에 관한 자료 등

㉡ 그 밖에 지방세 탈루 또는 부당한 환급·감면의 수법, 내용, 규모 등 정황으로 보아 중요하다고 인정되는 자료 등

(2) 은닉재산

은닉재산은 체납자가 은닉한 현금, 예금, 주식, 그 밖에 재산적 가치가 있는 유형·무형의 재산을 말한다. 다만, 다음 각 재산은 **제외**한다(지방세기본법 146 ④, 지방세기본령 82 ⑥).

① 「지방세징수법」에 따른 사해행위 취소소송의 대상이 되어 있는 재산

② 세무공무원이 은닉사실을 알고 조사 또는 체납처분 절차에 착수한 재산

③ 그 밖에 체납자의 은닉재산을 신고받을 필요가 없다고 인정되는 재산으로서 체납자 본인의 명의로 등기·등록된 국내에 있는 재산

8.3 자료의 제공·신고

자료의 제공 또는 신고는 성명과 주소를 분명히 적고 서명하거나 날인한 문서로 하여야 한다. 이 경우 객관적으로 확인되는 증거자료 등을 첨부하여야 한다(지방세기본법 146 ⑤).

8.4 비밀유지

포상금 지급과 관련된 업무를 담당하는 공무원은 자료 제공자 또는 신고자의 신원 등 신고 또는 제보와 관련된 사항을 목적 외의 용도로 사용하거나 타인에게 제공 또는 누설해서는 아니 된다(지방세기본법 146 ⑥).

8.5 포상금 지급규정에 따른 지급

지방자치단체장은 「지방세기본법」이나 그 밖의 법령에서 정한 포상금에 관한 규정에 따르지 아니하고는 어떠한 금전이나 물품도 지방세의 납부 등 세수 증대에 기여하였다는 이유로 지급할 수 없다(지방세기본법 146 ⑨).

9. 지방세심의위원회의 설치·운영

9.1 지방세심의위원회의 설치

다음 각 **사항을 심의 또는 의결**하기 위하여 지방자치단체에 지방세심의위원회(위원회)를 둔다(지방세기본법 147 ①).

① 과세전적부심사에 관한 사항

② 이의신청 및 심사청구에 관한 사항

③ 체납자의 체납정보 공개 여부에 관한 사항

④ 지방세관계법에 따라 위원회의 심의를 받도록 규정한 사항

⑤ 그 밖에 지방자치단체의 장이 필요하다고 인정하는 사항

위원회의 위원 중 공무원이 아닌 사람은 「형법」과 그 밖의 법률에 따른 벌칙을 적용할 때에는 공무원으로 본다(지방세기본법 147 ③).

9.2 지방세심의위원회의 구성 등

지방세심의위원회는 다음 각 구분에 따라 구성한다(지방세기본령 83 ①).[3)]

① 특별시 · 광역시 · 특별자치시 · 도 또는 특별자치도("시 · 도등"이라 함)에 두는 지방세심의위원회는 위원장 1명과 부위원장 1명을 포함하여 25명 이내의 위원으로 성별을 고려하여 구성한다.

② 시 · 군 · 구에 두는 지방세심의위원회는 위원장 1명과 부위원장 1명을 포함하여 19명 이내의 위원으로 성별을 고려하여 구성한다.

위촉위원의 **임기는 2년**으로 한다(지방세기본령 83 ④). **위촉위원이 궐위된 때**에는 새로 위촉하되, 새로 위촉된 위원의 임기는 전임자의 남은 임기로 한다(지방세기본령 83 ⑤).

위원장이 부득이한 사유로 직무를 수행할 수 없을 때에는 부위원장이 그 직무를 대행하고, 부위원장이 부득이한 사유로 위원장의 직무를 대행할 수 없을 때에는 위원 중 연장자 순으로 위원장의 직무를 대행한다(지방세기본령 83 ⑥).

---

3) 지방세심의위원회의 **위원장**은 위원(위촉위원) 중 전체 위원으로부터 호선되는 사람이 되고, **부위원장**은 다음 각 구분에 따른 사람이 된다(지방세기본령 83 ②).

① 시 · 도 등에 두는 지방세심의위원회의 부위원장은 지방세에 관한 사무를 담당하는 실장 · 국장 또는 본부장이 된다.

② 시 · 군 · 구에 두는 지방세심의위원회의 부위원장은 지방세에 관한 사무를 담당하는 실장 또는 국장(실장 및 국장이 없는 시 · 군 · 구의 경우에는 과장 또는 담당관을 말함)이 된다.

지방세심의위원회의 **위원**은 다음의 어느 하나에 해당하는 사람 중에서 지방자치단체의 장이 임명하거나 위촉하는 사람이 된다. 이 경우 위촉위원이 전체위원의 과반수가 되어야 한다(지방세기본령 83 ③).

① 다음 각 구분에 따른 공무원

㉠ 시 · 도등에 두는 지방세심의위원회 위원의 경우에는 지방세에 관한 사무를 담당하는 4급 이상 공무원

㉡ 시 · 군 · 구에 두는 지방세심의위원회 위원의 경우에는 지방세에 관한 사무를 담당하는 5급 이상 공무원

② 판사, 검사, 군법무관, 변호사, 공인회계사, 세무사 또는 감정평가사의 직(職)에 3년 이상 종사한 사람

③ 대학에서 법학, 회계학, 세무학 또는 부동산평가학을 교수하는 사람으로서 조교수 이상의 직에 재직하는 사람

④ 그 밖에 지방세에 관하여 전문지식과 경험이 풍부한 사람

9.3 지방세심의위원회의 운영

지방세심의위원회의 회의는 다음 각 구분에 따라 구성한다. 이 경우 위원장을 포함한 위촉위원이 구성원의 과반수가 되어야 한다(지방세기본령 84 ①).

① 도에 두는 지방세심의위원회의 회의는 위원장, 부위원장, 그 밖에 지방자치단체의 장이 회의마다 지정하는 9명의 위원으로 구성한다.

② 시·군·구에 두는 지방세심의위원회의 회의는 위원장, 부위원장, 그 밖에 지방자치단체의 장이 회의마다 지정하는 7명의 위원으로 구성한다.

지방세심의위원회의 회의는 위원장이 지방자치단체의 장의 요구로 소집하고, 위원장이 그 회의를 주재한다(지방세기본령 84 ②).

위원장은 지방세심의위원회를 대표하며, 지방세심의위원회의 업무를 총괄한다(지방세기본령 84 ③).

지방세심의위원회는 **구성원 과반수의 출석과 출석위원 과반수의 찬성으로 의결**한다(지방세기본령 84 ④).

지방세심의위원회는 **회의를 운영할 때 필요하다고 인정**하면 신청인·청구인 등 이해관계인, 참고인, 전문가, 관계 공무원 또는 납세자보호관을 출석시켜 **의견을 듣거나 증명자료의 제출을 요구**할 수 있다(지방세기본령 84 ⑤).

지방세심의위원회의 사무를 처리하기 위하여 지방세심의위원회에 간사 1인을 두며, 간사는 지방자치단체의 장이 소속 공무원 중에서 지명한다(지방세기본령 84 ⑥).

9.4 위원의 제척·기피·회피

(1) 위원의 제척

지방세심의위원회의 위원 중 다음의 어느 하나에 해당하는 경우에는 그 안건의 심의·의결에서 **제척**된다(지방세기본령 85 ①).

① 위원이나 그 배우자 또는 그 배우자였던 사람이 해당 안건의 당사자

(당사자인 법인 · 단체 등의 임원 또는 직원인 경우를 포함)가 되거나 그 안건에 관하여 공동권리자 또는 의무자인 경우
② 위원이 해당 안건의 당사자와 친족이거나 친족이었던 경우
③ 위원이 해당 안건에 관하여 증언, 진술, 자문, 연구, 용역 또는 감정을 한 경우
④ 위원이 해당 안건 당사자의 대리인으로서 관여하거나 관여하였던 경우
⑤ 위원(위촉위원만 해당함)이 안건의 대상이 된 처분 또는 부작위 등에 관여한 경우

(2) 위원의 기피

신청인이나 청구인 등 안건의 당사자는 위원에게 **공정한 심의·의결을 기대하기 어려운 사정이 있는 경우**에는 지방세심의위원에 **기피 신청**을 할 수 있으며, 지방세심의위원회는 **의결**로 이를 결정한다. 이 경우 기피 신청의 대상인 위원은 그 의결에 참여하지 못한다(지방세기본령 85 ②).

(3) 위원의 회피

지방세심의위원회의 회의에 참석하는 **위원은 위원의 제척 사유 중 어느 하나에 해당하거나 심의 또는 의결의 공정성을 기대하기 어려운 사정이 있는 경우** 스스로 그 안건의 심의·의결을 **회피**할 수 있다(지방세기본령 85 ③).

9.5 지방세심의위원회 위원의 해임 및 해촉

지방자치단체의 장은 지방세심의위원회의 위원이 다음의 어느 하나에 해당하는 경우에는 해당 위원을 **해임 또는 해촉**(解囑)할 수 있다(지방세기본령 86).
① 심신장애로 인하여 직무를 수행할 수 없게 된 경우
② 직무와 관련된 비위사실이 있는 경우
③ 직무태만, 품위손상이나 그 밖의 사유로 인하여 위원으로 적합하지 아니하다고 인정되는 경우

④ 위원의 제척 사유의 어느 하나에 해당하는 데에도 불구하고 회피하지 아니한 경우
⑤ 위원 스스로 직무를 수행하는 것이 곤란하다고 의사를 밝히는 경우

9.6 지방세심의위원회의 운영세칙

「지방세기본법」에서 규정한 사항 외에 지방세심의위원회의 조직 및 운영에 필요한 사항은 지방세심의위원회의 의결을 거쳐 위원장이 정한다(지방세기본령 87).

10. 지방세예규심사위원회

10.1 지방세예규심사위원회의 설치

「지방세기본법」 및 지방세관계법과 지방세 관련 예규 등의 해석에 관한 사항을 심의하기 위하여 행정안전부에 지방세예규심사위원회를 둔다(지방세기본법 148 ①).

지방세예규심사위원회는 다음 각 사항 중 **위원장이 회의에 부치는 사항을 심의**한다(지방세기본령 88 ①).

① 「지방세기본법」 및 지방세관계법의 입법 취지에 따른 해석이 필요한 사항
② 「지방세기본법」및 지방세관계법에 관한 기존의 해석 또는 일반화된 지방세 업무의 관행을 변경하는 사항
③ 지방자치단체 간 운영 등이 달라 조정이 필요하다고 인정하는 사항
④ 그 밖에 법 및 지방세관계법과 지방세 관련 예규 등의 해석에 관한 사항

10.2 지방세예규심사위원회의 구성 및 운영

(1) 지방세예규심사위원회의 구성

지방세예규심사위원회는 위원장을 포함하여 **30명 이내의 위원**으로 성별을 고려하여 구성한다(지방세기본령 88 ②). **위원장**은 행정안전부에서 지방세에 관한 사무를 총괄하는 실장이 된다(지방세기본령 88 ③).

지방세예규심사위원회의 **위원**은 다음 각 사람 중에서 행정안전부장관이 임명하거나 위촉하는 사람이 된다(지방세기본령 88 ④).

① 행정안전부 소속 4급 이상 공무원 또는 고위공무원단에 속하는 공무원

② 지방자치단체의 4급 이상 공무원 중 해당 지방자치단체의 장이 추천하는 사람

③ 법제처의 4급 이상 공무원 또는 고위공무원단에 속하는 공무원 중 법제처장이 추천하는 사람

④ 조세심판원의 4급 이상 공무원 또는 고위공무원단에 속하는 공무원 중 조세심판원장이 추천하는 사람

⑤ 다음의 어느 하나에 해당하는 사람

㉠ 변호사 · 공인회계사 · 세무사의 직에 5년 이상 종사한 사람

㉡ 「고등교육법」에 따른 학교에서 법률 · 회계 · 조세 등을 가르치는 부교수 이상으로 재직하고 있거나 재직하였던 사람

㉢ 그 밖에 지방세에 관하여 전문지식과 경험이 풍부한 사람

⑤의 위원의 임기는 2년으로 한다(지방세기본령 88 ⑤).

(2) 지방세예규심사위원회의 구성 및 운영

위원장은 지방세예규심사위원회를 대표하고, 지방세예규심사위원회의 업무를 총괄한다(지방세기본령 88 ⑥). 위원장이 부득이한 사유로 직무를 수행할 수 없는 경우에는 위의 ①의 위원 중 위원장이 미리 지명한 위원이 그 직무를 대행한다(지방세기본령 88 ⑦).

위원장은 지방세예규심사위원회의 회의를 소집하고, 그 의장이 된다(지방세기본령 88 ⑧).

지방세예규심사위원회의 회의는 위원장과 위원장이 회의마다 지정하는 8명 이상 14명 이내의 위원으로 구성하되, 위 (1) ⑤의 위원이 1/3 이상 포함되어야 한다(지방세기본령 88 ⑨).

지방세예규심사위원회의 회의는 구성원 과반수의 출석으로 개의하고, 출석위원 과반수의 찬성으로 의결한다(지방세기본령 88 ⑩).

지방세예규심사위원회의 회의는 공개하지 아니한다. 다만, 위원장이 필요하다고 인정하는 경우에는 공개할 수 있다(지방세기본령 88 ⑪).

「지방세기본법」에서 규정한 사항 외에 지방세예규심사위원회의 구성 및 운영에 필요한 사항은 지방세예규심사위원회의 의결을 거쳐 행정안전부장관이 정한다(지방세기본령 88 ⑫).

지방세예규심사위원회의 위원 중 공무원이 아닌 사람은 「형법」과 그 밖의 법률에 따른 벌칙을 적용할 때에는 공무원으로 본다(지방세기본법 147 ③).

10.3 위원의 제척·회피

지방세예규심사위원회의 위원은 **공정한 심의를 기대하기 어려운 사정이 있다고 인정될 때**에는 대통령령으로 정하는 바에 따라 지방세예규심사위원회 회의에서 제척(除斥)되거나 회피(回避)하여야 한다(지방세기본법 148 ②).

(1) 지방세예규심사위원회 위원의 제척

지방세예규심사위원회의 위원이 다음의 어느 하나에 해당하는 경우에는 해당 안건에 대한 지방세예규심사위원회의 회의에서 **제척**된다(지방세기본령 89 ①).

① 질의자(지방세에 대한 해석 등에 관하여 질의한 자를 말하며, 지방자치단체의 장이 해석을 요청한 경우에는 해당 지방자치단체의 장에게 질의한 자를 포함) 또는 질의자의 위임을 받아 질의 업무를 수행하거나 수행하였던 자인 경우

② ①에 규정된 사람의 친족이거나 친족이었던 경우
③ ①에 규정된 사람의 사용인이거나 사용인이었던 경우
④ 질의의 대상이 되는 처분이나 처분에 대한 이의신청, 심사청구 또는 심판청구에 관하여 증언 또는 감정을 한 경우
⑤ 질의일 전 최근 5년 이내에 질의의 대상이 되는 처분, 처분에 대한 이의신청·심사청구·심판청구 또는 그 기초가 되는 세무조사에 관여하였던 경우
⑥ ④ 또는 ⑤에 해당하는 법인 또는 단체에 속하거나 질의일 전 최근 5년 이내에 속하였던 경우
⑦. 그 밖에 질의자 또는 질의자의 위임을 받아 질의 업무를 수행하는 자의 업무에 관여하거나 관여하였던 경우

(2) 지방세예규심사위원회 위원의 회피

지방세예규심사위원회의 위원은 (1)의 어느 하나에 해당하는 경우에는 스스로 해당 안건에 대한 지방세예규심사위원회의 회의에서 **회피**하여야 한다(지방세기본령 89 ②).

10.4 지방세예규심사위원회 위원의 해임 및 해촉

행정안전부장관은 지방세예규심사위원회 위원이 다음의 어느 하나에 해당하는 경우에는 해당 위원을 **해임 또는 해촉**할 수 있다(지방세기본령 90).

① 심신장애로 인하여 직무를 수행할 수 없게 된 경우
② 직무와 관련된 비위사실이 있는 경우
③ 직무태만, 품위손상이나 그 밖의 사유로 인하여 위원으로 적합하지 아니하다고 인정되는 경우
④ 위원의 제척사유의 어느 하나에 해당하는 데에도 불구하고 회피하지 아니한 경우
⑤ 위원 스스로 직무를 수행하는 것이 곤란하다고 의사를 밝히는 경우

10.5 지방세 예규 등 해석에 관한 절차 및 방법

「지방세기본법」 및 지방세관계법과 지방세 관련 예규 등(지방세예규 등)의 해석과 관련된 질의는 **해석의 기준 등 규정에 따라 해석**하여 회신하여야 한다(지방세기본령 91 ①).

지방자치단체의 장이 지방세예규 등에 대한 해석을 요청할 때에는 해석과 관련된 의견을 첨부하여야 한다(지방세기본령 91 ②).

시장 · 군수 또는 구청장이 지방세예규 등에 대한 해석을 요청할 때에는 시 · 도지사를 경유하여야 한다. 이 경우 시 · 도지사는 해당 해석 요청에 대한 의견을 첨부하여야 한다(지방세기본령 91 ③).

위에서 규정한 사항 외에 해석에 관한 질의회신의 처리 절차 및 방법은 행정안전부장관이 정한다(지방세기본령 91 ④).

10.6 수당 등

지방세심의위원회 및 지방세예규심사위원회의 회의에 출석한 위원 및 관계인 등에게는 예산의 범위에서 **수당과 여비를 지급**할 수 있다. 다만, 공무원이 그 소관 업무와 직접적으로 관련되는 지방세심의위원회 및 지방세예규심사위원회의 **회의에 출석하는 경우**에는 그러하지 아니하다(지방세기본령 92).

11. 통계의 작성 및 공개

지방자치단체의 장은 **지방세 관련 자료를 분석·가공한 통계**를 작성하여 공개하여야 한다(지방세기본법 149 ①).

지방자치단체의 장은 지방세 통계자료 및 추계자료 등 지방세 운용 관련 자료를 행정안전부장관에게 제출하여야 한다(지방세기본법 149 ②).

행정안전부장관은 제출받은 자료를 토대로 지방세 운용상황을 분석하고 그 결과를 공개하여야 한다(지방세기본법 149 ③).

12. 지방세 운영에 대한 지도

행정안전부장관 또는 시·도지사는 **지방세의 부과·징수, 그 밖에 「지방세기본법」이나 지방세관계법에서 정한 사항의 원활한 운영 및 집행을 위하여 필요한 경우**에는 지방자치단체(시·도지사의 경우에는 시·도내에 있는 시·군·구로 한정함)에 대하여 **지도·조언을 하거나 그 운영·집행에 위법사항이 있는지 점검**할 수 있다(지방세기본법 150 ①).

행정안전부장관 또는 시·도지사는 지도·조언 및 점검을 위하여 필요한 경우에는 지방자치단체에 자료의 제출을 요구할 수 있다(지방세기본법 150 ②).

13. 지방세연구기관의 설립·운영

지방세 제도 및 행정의 발전에 필요한 연구·조사·교육 등을 하기 위하여 지방자치단체가 출연·운영하는 법인으로 지방세연구기관(**지방세연구원**)을 설립할 수 있다(지방세기본법 151 ①).

지방세연구원의 이사회는 성별을 고려하여 이사장과 원장을 포함한 12명 이내의 이사로 구성하고, 감사 2명을 둔다. 이 경우 이사는 특별시장·광역시장·특별자치시장·도지사·특별자치도지사 및 시장·군수·구청장이 각각 협의하여 공무원, 교수 등 지방세에 대한 조예가 있는 사람을 각각 같은 수로 추천·선출하되, 이사장은 특별시장·광역시장·특별자치시장·도지사·특별자치도지사가 협의하여 추천한 사람 중에서 이사회의 의결을 거쳐 선출한다(지방세기본법 151 ②).

지방세연구원의 원장 및 감사는 이사회의 의결을 거쳐 이사장이 임명하며, 이사장과 감사는 비상근으로 한다(지방세기본법 151 ③).

지방세연구원의 설립·운영에 관한 사항은 정관으로 정하되, 「지방세기본법」에서 정하지 아니한 그 밖의 사항은 「민법」과 「공익법인의 설립·운영에 관한 법률」을 준용한다(지방세기본법 151 ④).

14. 지방세발전기금의 설치·운용

14.1 지방세발전기금의 설치 · 적립

지방자치단체는 지방세에 대한 연구·조사 및 평가 등에 사용되는 경비를 충당하기 위하여 지방세발전기금을 설치·운용하여야 한다. 이 경우 지방자치단체는 매년 직전연도 보통세 세입결산액(특별시의 경우에는 특별시분 재산세를 제외하고, 특별시 관할구역의 자치구의 경우에는 교부받은 특별시분 재산세를 포함)에 다음 각 호의 비율을 합한 비율을 적용하여 산출한 금액을 지방세발전기금으로 적립하여야 한다(지방세기본법 152 ①, 지방세기본령 94 ①).

① 1만분의 1.5

② 1만분의 0.5의 범위에서 지방자치단체의 조례로 정하는 비율

지방세발전기금으로 적립하여 지방세연구원에 출연하여야 하는 금액을 예산에 반영하여 지방세연구원에 출연한 경우에는 그 부분에 대해서만 지방세발전기금 적립 의무를 이행한 것으로 본다(지방세기본법 152 ③).

14.2 지방세발전기금의 용도

적립된 지방세발전기금은 다음 각 용도로 사용되어야 한다(지방세기본령 94 ②).

① 지방세연구원에 대한 출연

② 「지방세특례제한법」에 따른 지방세 감면의 필요성, 성과 및 효율성 등에 관한 분석·평가

③ 지방세 연구·홍보

④ 지방세 담당 공무원의 교육

⑤ 그 밖에 지방세 발전 및 세정운영을 위한 용도

지방자치단체는 적립된 지방세발전기금 중 1만분의 1.5 비율을 적용하여 적립된 금액을 이이 용도에 우선 사용하여야 한다(지방세기본령 94

③).[4]

15. 가족관계등록 전산정보의 공동이용

지방자치단체의 장은 다음 각 업무를 처리하기 위하여 「전자정부법」에 따라 「가족관계의 등록 등에 관한 법률」에 따른 전산정보자료를 공동이용(「개인정보 보호법」에 따른 처리를 포함)할 수 있다(지방세기본법 152의 2).

① 상속인에 대한 피상속인의 납세의무 승계
② 과점주주에 대한 제2차 납세의무 부여
③ 주된 상속자에 대한 사망자 지방세환급금의 지급
④ 「행정심판법」에 따른 과세전적부심사·이의신청 및 심사청구의 신청인·청구인 지위 승계의 신고 또는 허가

16. 민감정보 및 고유식별정보의 처리

행정안전부장관, 세무공무원, 지방자치단체 장의 권한 위탁·위임 규정(6)에 따라 권한을 위탁 또는 위임받은 중앙행정기관의 장(소속기관의 장을 포함) 또는 지방자치단체의 장, 권한을 재위임받은 소속 공무원 및 과세자료제출기관은 「지방세기본법」 또는 지방세관계법에 따른 지방세에 관한 사무를 수행하기 위하여 불가피한 경우 「개인정보 보호법」에 따른 건강에 관한 정보 또는 범죄경력자료에 해당하는 정보(**건강정보 등**)나 「개인정보 보호법」에 따른 주민등록번호, 여권번호, 운전면허의 면허번호 또는 외국인등록번호(**주민등록번호 등**)가 포함된 자료를 처리할 수 있다(지

---

4) 지방자치단체는 위의 금액을 해당 연도의 3월 31일까지 지방세연구원에 출연하여야 한다(지방세기본령 94 ④).
지방자치단체는 해당 연도에 실제로 출연한 금액이 위의 금액과 다를 경우에는 그 차액에 해당하는 금액을 그 다음 연도의 지방세발전기금 예산에 반영하여 정산하여야 한다(지방세기본령 94⑤).

방세기본령 95 ①).

특별징수의무자는 특별징수 사무를 수행하기 위하여 불가피한 경우 주민등록번호 등이 포함된 자료를 처리할 수 있다(지방세기본령 95 ②).

조세심판원장은 **지방세 심판청구에 관한 사무를 수행하기 위하여 불가피한 경우** 건강정보 등 또는 주민등록번호 등이 포함된 자료를 처리할 수 있다(지방세기본령 95 ③).

지방세심의위원회는 심의사항을 처리하기 위하여 불가피한 경우 건강정보 등 또는 주민등록번호 등이 포함된 자료를 처리할 수 있다(지방세기본령 95 ④).

「전자정부법」에 따른 한국지역정보개발원은 위탁받은 지방세 관련 정보화 업무를 수행하기 위하여 불가피한 경우 건강정보 등 또는 주민등록번호 등이 포함된 자료를 처리할 수 있다(지방세기본령 95 ⑤).

17. 국세기본법 등의 준용

지방세의 부과·징수에 관하여 「지방세기본법」 또는 지방세관계법에서 규정한 것을 제외하고는 「국세기본법」과 「국세징수법」을 준용한다(지방세기본법 153).

[저자 약력]

노현섭 울산대학교 경영대학 회계학과 교수, 경영학박사

저서와 논문

노현섭, 회계의 이해, 도서출판 청람, 2019.
노현섭 외, 스스로 익히는 회계원리, 도서출판 청람, 2018.
노현섭, 법인세법원리, 피앤씨미디어, 2018.
노현섭, 소득세법원리, 피앤씨미디어, 2018.
노현섭, 핵심 세법총론, 피앤씨미디어, 2018.
노현섭, 핵심 부가가치세법, 피앤씨미디어, 2018.
노현섭 외, 내국기업과 다국적기업의 유효세율, 회계정보연구, 2019
노현섭 외, 1990년 이후 유효세율의 변화추세, 회계정보연구, 2018
노현섭 외, 세율변경 전후 내재적 조세의 변화, 재무와회계정보저널, 2017.
노현섭 외, 기업의 내재적 조세 측정치에 관한 연구, 회계정보연구, 2016.
노현섭 외, 조세혜택 대채측정치의 평가, 회계연구, 2015.

지방세기본법원리

초판인쇄 2019년 11월 5일
초판발행 2019년 11월 10일
지은이 노현섭
펴낸이 박노일
총괄기획 김중용 · 최준규
편 집 심성보 · 김인숙
펴낸곳 pnc publishing and culture 피앤씨미디어
경기도 고양시 일산동구 강송로 153 310-1501
등록 제396-2012-000203호
전 화 070)7550-3758 팩 스 02)718-8554
홈페이지 www.pncmedia.co.kr 이메일 pnc@pncmedia.co.kr
ISBN 979-11-5730-703-6 93320

정 가 25,000원